Jules Leclercq

Aux Chutes du Zambèze

(DU CAP AU KATANGA)

Librairie Pierre Roger

AUX CHUTES DU ZAMBÊZE

JULES LECLERCQ

Aux Chutes du Zambèze

Du Cap au Katanga

Huit Planches hors texte

PARIS

LIBRAIRIE PIERRE ROGER
54 - Rue Jacob - 54

OUVRAGES DU MÊME AUTEUR

Chez PLON :

A travers l'Afrique australe, 2ᵉ édition.
Au Pays de Paul et Virginie, couronné par l'Académie française, 2ᵉ édition.
Voyage aux îles Fortunées (*Iles Canaries*), couronné par l'Académie française, 2ᵉ édition.
Un Séjour dans l'île de Java, couronné par l'Académie française, 3ᵉ édition.
Un Séjour dans l'île de Ceylan, 2ᵉ édition.
Du Caucase aux Monts Alaï (*Transcaspie, Boukharie, Ferganah*).
La Terre de Glace (*Féroë, Islande*).
Un Été en Amérique, 2ᵉ édition.
Chez les Jaunes (*Japon, Chine, Mandchourie*).
Voyage à l'île Majorque.
Aux Sources du Nil.
La Finlande aux mille lacs.

Chez HACHETTE :

Voyage au Mexique (*De New-York à Vera-Cruz par terre*).
La Terre des Merveilles.

Chez d'autres Éditeurs :

Promenades dans les Pyrénées.
Le Tyrol et le pays des Dolomites.
Voyages dans le nord de l'Europe.
De Mogador à Biskra (*Maroc et Algérie*).
Le Caucase glacé.
Mythologie scandinave.
Histoire des Boers.

POÉSIES

Les Splendeurs des Chemins, Paris, Lemerre.
La Fronde de David, Paris, Perrin et Cⁱᵉ.
Rimes héroïques, Paris, Perrin et Cⁱᵉ.

Vers le Cap de Bonne-Espérance.

Pour la deuxième fois à une vingtaine d'années de distance, me voici voguant vers le Cap. Cette fois encore, je me suis embarqué à Southampton, sur un paquebot de la *Union-Castle-Line*, la même ligne de navigation que j'ai connue jadis. Mais ce n'est plus le même bateau. Le *Drummond Castle*, sur lequel je fis ma première traversée, était destinée à périr dans l'année même en face du phare d'Ouessant qui signale la côte de Bretagne. Ce fut un naufrage célèbre dans les annales maritimes. Le vapeur ramenait du Cap en Angleterre trois cent cinquante passagers, quand, vers minuit, la veille du jour où il devait rentrer au port, il heurta un récif et coula en trois minutes, ne laissant que deux survivants, qui se sauvèrent à la nage. La perte du *Drummond Castle* est due à des causes restées mystérieuses. On m'a raconté que, suivant une fâcheuse tradition, à la veille du retour en Angleterre, on avait organisé à bord un bal auquel prenaient part les officiers. Ceux-ci n'étaient pas à leur poste, alors qu'on se trouvait dans des parages fort dangereux. Ce fut faute de vérifier la position du navire par des sondages répétés que se produisit le désastre. Pour comble de malheur, il y avait un épais brouillard qui rendait le phare invisible, et le navire était trop éloigné pour entendre la sirène d'Ouessant. La *Werfa*, petit caboteur qui sortait de Brest, aperçut le *Drummond Castle* et vit que ce navire courait à sa perte. Ce bateau n'avait malheureusement pas les pièces d'artifice pour faire les signaux de nuit. Chaque année deux ou trois navires se perdent sur les roches d'Ouessant, qui sont d'autant plus dangereuses qu'elles n'apparaissent pas à fleur d'eau.

Peu de temps avant sa perte, le *Drummond Castle* avait été le théâtre d'une tragédie qui eut un retentissement considérable. C'est dans une cabine de ce steamer que James Carey, membre de la Société des Invincibles, fut tué d'un coup de revolver par O'Donnell, pour avoir dénoncé ses complices lors du meurtre de lord Frédéric Cavendish et L. Burke, sous-secrétaire d'Etat pour l'Irlande, assassinés dans Phœnix Park à Dublin. Expédié secrètement dans la colonie du Cap, le traître ne put échapper à la vendetta irlandaise.

En songeant au *Drummond Castle*, je fais la mélancolique énumération de tous les bateaux auxquels j'ai confié ma vie errante et qui ont coulé depuis. Et je me souviens entre autres du *Dom Pedro* qui se perdit sur la côte du Brésil et dont le capitaine se suicida, désespéré. Et maintenant que me voici à bord du *Briton*, je songe que l'an dernier je voguais vers ce même Brésil sur le *Cap Finistère*, qui lui aussi gît depuis lors au fond des mers. Je ne puis m'empêcher de faire la différence entre le *Briton* et le *Cap Finistère*. Le *Briton* est encore un bateau de l'ancien type, tel que l'on n'en rencontre plus que sur les mers lointaines, un bateau sans étages, aux plafonds bas, aux cabines étroites. Le *Cap Finistère* était un bateau « modern style », à six étages reliés par des ascenseurs, avec, au pont le plus élevé, un jardin d'hiver, une salle de gymnastique, voire même un bassin de natation ; il y avait des salles de concert, de danse et de conversation ; la merveille était la salle à manger style Louis XVI, au plafond d'une invraisemblable hauteur : les plus grands hôtels de Paris n'en avaient pas de plus somptueuse. Eh ! bien, tout cela est au fond de l'océan, et je ne le regrette pas. Je proteste contre cette absurde fantaisie des architectes navals dont toute la préoccupation est de vous faire oublier que vous êtes en mer. Tout était si vaste dans ce palais flottant, les boiseries interceptaient si bien la vue de l'eau, qu'on ne sentait ni roulis ni tangage, et qu'à peine on s'apercevait de la respiration de la machine. On voyait partout de riches plafonds, mais le ciel était aussi invisible que les vagues de la mer. Quand nous eûmes franchi la ligne équatoriale, j'aurais voulu voir surgir « du fond de l'Océan des étoiles nouvelles ». Mais c'est bien à cela qu'on pensait à bord de ce gigantesque bâtiment. Pendant les seize jours de la traversée, je ne vis ni une étoile ni un poisson volant. Et quant au tangage, il n'y avait que le tango de l'orchestre.

Que j'aime mieux la plus modeste architecture du *Briton* avec son plafond bas des anciens bateaux, et ses cloisons d'acajou poli, et sa bonne et saine odeur de goudron, et son long promenoir d'où l'on contemple le jour les volutes des vagues et la nuit les splendeurs du ciel qui racontent la gloire de Dieu, suivant le mot sublime du psalmiste ! Je me réjouis de retrouver ici les nobles et austères pensées que suggère la contemplation de l'Océan, celles qui devaient venir à l'esprit de l'héroïque Jean Bart lorsqu'il s'écriait : « Si tu veux apprendre à prier, nulle part tu ne l'apprendras mieux que sur mer ! »

C'est toujours un moment solennel que celui où un transocéanique lâche ses amarres. A la minute où commence la longue traversée, on éprouve, quoiqu'on fasse pour s'en défendre, l'émotion des grands départs. On a beau avoir franchi plus de vingt fois les océans, l'impression est toujours nouvelle, toujours poignante, car avec la mer on ne sait jamais. Le glorieux roi Albert, qui s'embarqua il y a quelques années pour cette même traversée de Southampton au Cap, trouvait qu'il n'est rien de plus émouvant.

Depuis lors le roi soldat a connu des émotions autrement tragiques.

L'impression du départ se dissipe lorsqu'on perd de vue la côte. La dernière terre visible est l'île de Wight, dont les *Needles*, ces sinistres rochers en forme d'aiguilles, restent encore longtemps en vue alors qu'on a gagné le large. Que de fois j'ai passé devant les *Needles* pour me lancer vers les rivages lointains des Amériques et des Indes ! Aujourd'hui c'est vers l'Afrique du Sud que je vogue, vers ce prestigieux Cap de Bonne Espérance que je croyais ne revoir jamais plus lorsque j'y abordai pour la première fois sur ce navire englouti sous les récifs dans le voisinage desquels nous passons quelques heures après avoir quitté la côte anglaise. La mer est forte, et la température est glaciale au cœur de l'été. Ce n'est qu'au sortir du golfe de Gascogne, de fâcheuse réputation, que le temps devient plus clément. La mer se calme tout à fait dans le voisinage de la côte portugaise qui émerge à l'horizon.

Lé lendemain, dans la matinée, nous voyons surgir l'île portugaise de Madère, et nous mouillons au large de Funchal, qui n'a pas de hâvre. Du large, la vue de Funchal m'a vivement rappelé Rio de Janeiro. C'est la même délicieuse oasis de verdure, ce sont les mêmes maisons aux pittoresques façades portugaises, peintes des mêmes vives couleurs et s'éparpillant de même sur les hauteurs.

Je me rends à terre en chaloupe à vapeur, et j'ai

grand plaisir à parcourir cette curieuse ville de Funchal qui compte cinquante mille âmes sur les soixante mille dont l'île est peuplée. Le Colomb qui découvrit Madère dans des circonstances fort romanesques portait un nom assez peu poétique. Il a passé dans l'histoire sous le nom de Machin. Comme l'île est très riche en bois, il l'appela Madère (Madeira en portugais), dont le nom signifie bois. Sait-on que l'infortuné Maximilien, qui fut empereur du Mexique, a écrit sur Madère un livre aujourd'hui assez oublié ?

Funchal est excessivement pittoresque, avec ses rues étroites, pavées de cailloux glissants, sur lesquels montent et descendent des traîneaux à bœufs qui sont le seul moyen de locomotion dans des rues trop roides pour tout autre véhicule. Les habitants aisés se donnent le luxe du palanquin, à la façon des mandarins de Chine. L'aspect exotique que Funchal doit à ses adorables maisons à volets verts est encore accentué par des jardins où s'épanouissent des palmiers et d'autres arbres semi-tropicaux. La cathédrale est intéressante, avec son vieux plafond de cèdre ajouré. A la porte de l'église se tenait un vieux mendiant aveugle. J'aurais donné gros pour fixer son visage sur un Kodak. Il m'a rappelé d'une façon frappante l'oncle Paul, sobriquet sous lequel on désignait le vieux président Krueger qui me fit un jour une réception solennelle à Prétoria.

Madère est la seule escale de cette traversée. De Madère au Cap on navigue treize jours sans atterrir.

La durée totale de la traversée est de dix-sept jours. De rapides marcheurs pourraient la faire en douze jours ; mais la compagnie a une convention qui lui alloue un subside pour le service postal, et aux termes de cette convention le transport de la malle doit être effectué dans le délai de dix-sept jours. La compagnie, pour économiser le charbon, n'a garde d'abréger le délai.

Au-delà de Madère nous passons dans le voisinage des îles Canaries. J'aurais bien voulu saluer de loin le gigantesque pic de Ténériffe dont je fis autrefois l'ascension ; mais il reste, suivant sa mauvaise habitude, obstinément caché dans la brume. La température est plutôt fraîche, même lorsque nous dépassons le tropique. Nous ne trouvons la chaleur que lorsque nous doublons le Cap Vert, pointe extrême du Sénégal, qui se présente sous la forme d'un soulèvement de trois cents mètres de haut au pied duquel une ligne de verdure court le long de la mer. Nous ne serions pas en face du Sénégal si nous n'étions affligés d'une température sénégalienne. C'est une chaleur moite, lourde, provoquant une abondante transpiration, à la différence de la chaleur sèche de la mer Rouge. Le ciel est chargé de sinistres nuages plombés, la mer est calme et paresseuse. Tous les passagers sont en costume blanc.

Quand nous approchons de l'Equateur, la température fraîchit, et une forte brise se lève. C'est un préjugé de croire que c'est à l'Equateur que règne la plus forte chaleur du globe. Il est exactement six heures du soir quand nous franchissons la ligne équinoxiale, heure à laquelle le soleil s'y couche toute l'année. Ce soir le spectacle est d'une incomparable splendeur. Le disque éblouissant, d'une grandeur démesurée, nage dans une mer d'or, et, rapide comme l'éclair, le rayon vert apparaît au moment où l'astre se noie dans le flot. C'est la première fois que j'ai vu nettement le rayon vert à travers le verre de ma jumelle. Après un crépuscule qui ne dure que quelques minutes, la nuit tombe tout d'un coup, la fraîcheur s'accentue, et à tribord se lève la belle constellation de la Croix du Sud.

Au-delà de la ligne, nous entrons dans la période hivernale de l'hémisphère austral. Pendant plusieurs jours nous naviguons sous un ciel chargé de nuages d'un gris sombre, et bien que nous soyons dans la zone équatoriale, la température fraîchit, et le soleil des tropiques nous abandonne. Exceptionnellement il veut bien se montrer le troisième dimanche que nous sommes sur mer. Il se couche, ce jour-là, à cinq heures et demie, et apparaît au milieu d'un magnifique cortège de nuages, comme une Pompéï ravagée par des torrents de lave incandescente.

Pendant les derniers jours de la traversée, nous rencontrons fréquemment des troupes de cachalots et des baleines reconnaissables aux gracieux jets d'eau qu'elles lancent par leurs évents lorsqu'elles émergent à la surface de l'eau. A l'arrière nous pouvons observer le magnifique vol plané des albatros qui donne bien l'idée du vol des aéroplanes. Ils nous suivent infatigables, épiant les débris de cuisine sur lesquels ils fondent gloutonnement. Ce sont les mouettes des mers du Sud, mais leur vol est plus gracieux, leur envergure plus imposante. A leur vue ce vers chante dans ma mémoire :

> Seul, le Roi de l'espace et des mers sans rivage.

Le dix-septième jour de mer, nous distinguons enfin la Montagne de la Table. Bientôt nous entrons dans la Baie de la Table, et nous débarquons sans encombre à huit heures du matin sur les quais de Cape Town.

CHAPITRE II

La ville du Cap.

J'ai laissé l'été en Europe. Ici je trouve l'hiver
austral, avec une température qui est celle de notre
mois de mars et à laquelle je ne suis plus habitué.
En Europe il faisait nuit vers neuf heures du soir.
Ici le soleil se couche à cinq heures. J'arrive dans la
saison des pluies, qui ne finit qu'en octobre.

Je me mets en quête d'un hôtel. J'apprends que
celui où je suis descendu autrefois n'existe plus. On
me recommande le Grand-Hôtel, mais après y avoir
passé une nuit, j'ai hâte de fuir cette maison trop
bruyante, encombrée d'hôtes, pour aller m'installer
à l'International, situé au pied de la Montagne de la
Table, dans un air vif et salubre.

Je m'attendais à voir la ville du Cap bien changée
depuis vingt ans. Mais je l'ai retrouvée la même, et
il me semble que je l'ai vue hier. Il y a cependant
un changement. Il m'était resté le souvenir d'horribles rues boueuses que l'on n'eût pu traverser à sec
que sur des échasses. L'asphalte a remplacé le maca-

dam d'autrefois, les rues ne sont plus des lacs de boue en temps de pluie. Autre progrès, les trams électriques et les automobiles ont remplacé les cabs. Grâce au tram électrique mon hôtel n'est qu'à dix minutes de la ville. Et je jouis ainsi du *rus in urbe* vanté par Horace.

Parmi les édifices nouveaux il faut citer l'hôtel de ville, digne d'une capitale, avec sa grandiose salle des fêtes où jai admiré les plus belles orgues qui soient au monde. Citons aussi, en fait de constructions nouvelles, l'aile qui a été ajoutée au palais du Parlement. C'est dans cette aile que siège aujourd'hui la chambre basse, qui compte cent vingt-et-un députés, tandis que la chambre haute compte quarante sénateurs. L'ancienne chambre basse, où j'eus la bonne fortune d'entendre parler Cecil Rhodes, est devenue la salle à dîner. Aucune colonie anglaise, sauf peut-être le Canada, ne peut se vanter d'avoir un aussi beau palais du Parlement.

Par contre, le *Government House*, résidence officielle du Gouverneur Général, n'est pas digne de la capitale de la grande colonie qui est devenue aujourd'hui l'Union sud-africaine. C'est un vieil édifice tombant en ruine, qui a servi de résidence aux gouverneurs hollandais. Ce n'est pas sans quelque mélancolie que j'ai revu la salle où lord Loch m'a reçu autrefois à dîner le jour de la fête de la reine Victoria. Lord Loch est mort, et aussi la plupart des convives que je vis à sa table. Que d'événements

Chutes du Zambèse.

L'arc-en-ciel du Zambèse.

tragiques survenues depuis lors ! La guerre anglo-boer a inondé de sang les rives du Vaal, de l'Orange, de la Tugela. A lord Loch ont succédé combien d'autres gouverneurs, et lord Gladstone vient d'être remplacé par lord Buxton qui n'a pas encore pris son poste. Mort aussi Mgr Léonard, le vénérable évêque dont j'ai conservé un si touchant souvenir. Dès mon arrivée, j'ai voulu présenter mes respects à son digne successeur, Mgr John Rooney, qui m'a reçu avec la simplicité et la distinction d'un Irlandais de race. C'est lui qui fut désigné pour accompagner comme aumônier l'impératrice Eugénie à bord du *German Castle*, lors du pieux pèlerinage qu'elle fit à ce coin perdu du Zoulouland où dort de son dernier sommeil l'héroïque prince impérial traîtreusement massacré par les Zoulous.

Depuis la retraite de lord Gladstone, c'est, en vertu de la constitution, le Chief Justice Devilliers qui exerce les fonctions de Gouverneur Général. Comme je l'ai connu autrefois, je veux aller lui présenter mes devoirs, mais j'apprends qu'il est mourant. Parmi les rares survivants, j'ai la bonne fortune de retrouver un Français, M. Péringuey, que j'ai connu autrefois comme conservateur-adjoint du Musée, et qui est aujourd'hui directeur de cet établissement. Il a conservé dans toute sa pureté son pittoresque accent gascon : c'est un authentique Bordelais. Comme je me propose de visiter en Rhodésie les fameuses ruines de Zimbabye, il veut bien m'exposer à cet égard le dernier état de la science, et il me démontre de façon péremptoire que la prétendue origine phénicienne de Zimbabye est une théorie fantaisiste issue de l'imagination de Mme Théodore Bent qui... portait les culottes et en faisait accroire à son mari. Zimbabye est donc une des plus retentissantes mystifications qui ait jamais fait le tour du monde. M. Péringuey m'en a convaincu par une démonstration faite en face de la vitrine du musée où sont conservées les reliques de Zimbabye. N'anticipons pas.

Parmi les personnalités disparues que j'ai rencontrées au Cap il y a vingt ans, le fameux Cecil Rhodes est celle qui m'a laissé le plus profond souvenir. Si je ne retrouve plus l'homme, je trouve sa statue érigée dans les magnifiques jardins au milieu desquels s'élève le palais du Parlement. Le célèbre ministre est représenté le bras tendu vers la Rhodésie, le corps s'élançant en avant, faisant le geste qu'il fit lorsqu'il s'écriait un jour : « *Your Hinterland is there !* Là-bas est votre Hinterland ! » Un célèbre missionnaire et voyageur belge, le père Vermersch, a dit avec raison, à propos de ce bronze, qu'il s'est trouvé un homme incomparablement plus beau, plus grand que Cecil Rhodes, c'est Léopold II, qui dans un geste plus sublime, dirigé vers l'Afrique sauvage, disait non pas à une province, mais à son pays d'abord, puis à toute l'Europe : « Voilà votre Hinterland ! » C'est de lui qu'a dit M. Herriot, l'ancien pré-

sident du Conseil, qu'on peut lui refuser toutes les
qualités, sauf la grandeur.

Au Cap, tout parle encore de Cecil Rhodes et de
l'œuvre qu'il a laissée : les salles du Parlement, qui
ont conservé l'écho de sa voix, les routes qu'il a construites, la demeure qu'il a habitée, les jardins qu'il
a créés, les animaux dont il les a peuplés, les statues
et le Mémorial érigé à sa gloire.

Grooteschuur, dont Cecil Rhodes avait fait sa résidence, a été reconstruit sur les anciens plans depuis
l'incendie qui rasa complètement cette antique
demeure hollandaise. La reconstruction est si fidèle,
que j'ai eu l'illusion de retrouver la salle où le maître
de céans me reçut à dîner avec des amis aujourd'hui
défunts. Il était alors dans tout l'éclat de sa gloire.
Son étoile n'avait pas encore pâli. Il n'avait pas
commis la faute que la postérité ne lui pardonnera
pas. J'ai reconnu la bibliothèque dont on a pu sauver
les collections, et le merveilleux escalier orné des
oiseaux en pierre trouvés dans les ruines de Zimbabye. L'heureux occupant de cette résidence royale
est actuellement le général Botha, qui a succédé à
Rhodes comme premier ministre, le même Botha qui
porta des coups formidables aux Anglais pendant la
guerre sud-africaine. Où l'histoire offre-t-elle de plus
étranges retours qu'en Afrique australe ?

La résidence de Grooteschuur se trouve au milieu
d'un des plus merveilleux parcs qui soient au monde,
sur le revers méridional de la Montagne de la Table

qui domine le paysage de ses gigantesques murailles.
Une avenue de pins séculaires donne accès à la résidence. Dans le parc se trouve un enclos où, s'inspirant
de l'idée de l'empereur Montezuma, Cecil Rhodes a
voulu réunir les principaux représentants de la faune
d'Afrique, lions, léopards, panthères, zèbres, singes,
et toutes les espèces de gibiers qui peuplent le continent noir. Ce qui donne au parc un charme particulier, ce sont d'admirables avenues d'eucalyptus,
dont les énormes racines serpentantes attestent l'âge
respectable. Ce sont des eucalyptus géants, tels qu'on
n'en voit nulle part ailleurs qu'en Australie, leur
terre originaire. Jeune, l'eucalyptus ne donne pas
d'ombre, à cause de la verticalité de ses feuilles ;
mais quand il a de l'âge, son feuillage s'épanouit et
donne un excellent ombrage.

Une de ces avenues, tracée au milieu de ces grandioses forêts de pins, la gloire du Cap, monte à un
temple grec qui se voit de partout, se dressant sur
une hauteur, tout blanc parmi la sombre végétation
de forêts. Ce temple, connu sous le nom de « Rhodes
Memorial », est le monument érigé à la mémoire du
maître dont les mânes errent encore parmi les om-
brages de Grooteschuur. Dans leur sévère simplicité
antique, les lignes de ce temple digne du ciel de la
Grèce sont d'une impressionnante grandeur. Un
magnifique escalier de cinquante-deux marches, orné
de huit majestueux lions, monte au pronaos, au fond
duquel le dieu du temple apparaît en buste. Rhodes

est représenté sérieux et grave, appuyé sur la main droite, semblant réfléchir au grand problème de la destinée. Ce n'est pas le Rhodes familier et souriant, un peu sceptique, que j'ai connu, c'est un Rhodes méditatif, un penseur. Une inscription est taillée dans la pierre : « *To the spirit and lifework of John Cecil Rhodes who loved and served South Africa*. A l'esprit et à l'œuvre de John Cecil Rhodes qui aima et servit l'Afrique du Sud ». Cet éloge de l'homme dont le buste reproduit les traits est froid comme le temple qui l'encadre.

Le Rhodes Memorial a pour gardien un Ecossais qui a été attaché à la personne du défunt comme valet de chambre. Depuis l'Union sud-africaine, tous les serviteurs de Rhodes ont été remerciés, et voilà pourquoi le brave homme n'a d'autres ressources que son humble fonction de gardien et le produit d'un petit restaurant qu'il a établi à proximité du temple. Cet homme, me disais-je, doit en savoir plus long qu'on ne pense, car les rois n'ont pas de secret pour leur valet de chambre. J'étais, Dieu me pardonne, curieux de savoir ce que ce loyal serviteur pensait de son ancien maître. Quand il sut que je n'étais pas Anglais, il me parla à cœur ouvert. « C'était, m'a-t-il répondu, un grand esprit (*a great intelligence*) ; mais il a commis dans sa vie une grande faute (*a great mistake*), ce fut le raid Jameson, dont il fut l'auteur. Car il alla lui-même chercher ce Jameson, qui n'était alors qu'un simple médecin de village, et

il lui fournit les fonds (*he paid him*). La grande
faute, c'est d'avoir cru que jamais les Boers ne
partiraient en guerre. Ce raid ne pouvait d'ailleurs
aboutir à rien, même s'il avait réussi. C'est depuis
lors que la fortune de Rhodes a décliné. Ses dernières
années en furent assombries. Moi qui l'aimais beaucoup je ne le trouvais plus le même homme.

Le témoignage de cet ancien serviteur de Rhodes
confirme singulièrement la conviction qu'il fut l'auteur responsable de la guerre des Boers. On a voulu
atténuer sa responsabilité en faisant du ministre des
colonies Chamberlain son inspirateur ou son complice.
La vérité est que Chamberlain ne savait rien des
projets de Rhodes et qu'il n'a connu le raid Jameson
qu'après le fait accompli. Une femme était la seule
personne à Londres qui fût dans le secret, Miss
Helena Shaw. C'est elle qui, sur un télégramme chif-
fré reçu du Cap, alla dans la nuit du 30 décembre
1895, réveiller le ministre pour lui apprendre les
événements. Chamberlain en fut atterré, comme on
l'a su après sa mort. Il fut si peu complice que, avant
même qu'il eût connu la défaite de Jameson, il télégraphia au Cap pour notifier à Rhodes sa destitution.
Chamberlain eut les mains pures dans cette affaire,
où il fut indignement mystifié. Sans la fameuse
dépêche de l'empereur d'Allemagne au président
Krueger, insulte qui lui faisait un devoir de rester
au poste, il se fût retiré humilié et amoindri.

La guerre sud-africaine fut d'ailleurs aussi inutile

que ruineuse. Ne pouvant s'assimiler l'âme d'un
petit peuple de héros, le vainqueur a fini par renoncer
à sa victoire en lui rendant son autonomie. L'Etat
libre d'Orange continue à s'appeler le *Free State*, et
le gouvernement actuel du Transvaal est aux mains
des Boers. On pouvait obtenir ce résultat sans sacri-
fier vingt mille vies et deux cent cinquante millions
de livres sterling. Les Boers sont l'élément dominant
dans l'Union sud-africaine. Ils ont imposé leur langue
à leurs gouvernants. De l'aveu d'un premier ministre
de l'Angleterre, l'opinion du gouvernement britannique et celle du peuple anglais ne tendent à aucune
intervention dans une colonie autonome. Ainsi, après
avoir dépensé plus de six milliards, l'Angleterre a dû
renoncer à faire prévaloir ses vues sur les principaux
griefs dont elle fit les prétextes de la guerre. Jamais
les Boers n'ont été plus libres que depuis que le
drapeau britannique flotte à Prétoria.

Cape-Town, cette ville d'ordinaire si paisible,
m'est apparue sous un aspect spécial le jour des funérailles de lord Devilliers, le gouverneur intérimaire,
dont la dépouille mortelle avait été exposée la veille
au palais du Parlement où a défilé toute la population.
J'ai assisté, du haut d'un balcon de Adderley street,
à ces funérailles grandioses. Le petit temple protestant affecté à la confession religieuse à laquelle
appartenait ce descendant de huguenot était trop
petit pour contenir les autorités. Toute la ville était
sur pied pour voir défiler ce que les habitants appe-

laient irrespectueusement la « **procession** ». Ce qui manquait un peu, c'était le recueillement. On se bousculait pour voir les hautes personnalités de l'armée, du monde parlementaire, de la magistrature, qui suivaient le char funèbre. Toutes les troupes avaient été mises sur pied, et c'est au bruit assourdissant des cuivres et de la grosse caisse que s'avançait le cortège. Lord Devilliers, qui me reçut autrefois dans son hospitalière demeure de Wynberg House, était Chief-Justice, et en cette qualité président de la Chambre Haute. Je me souviens l'avoir vu présider la haute assemblée en costume judiciaire et en perruque. Après la séance, comme il me demandait ce qui m'avait le plus frappé, je lui répondis que c'était de l'y voir, sous sa toge de Chief-Justice, diriger les débats d'une assemblée politique, ce qui déroutait toutes mes notions sur ce que nous appelons chez nous la séparation des pouvoirs. Eminent jurisconsulte, lord Devilliers ne quitta jamais la colonie où il était né. Il fit toute sa carrière au Cap, et ne suivit pas même les cours d'Oxford. Il ne fréquenta que les cours du South African College de Cape-Town, qui ne délivre pas de grades universitaires. On m'a montré dans ce collège le vieux bâtiment où il fit ses études. Lord Devilliers, qui portait pourtant un nom bien français, avait tellement oublié la langue de ses ancêtres, qu'il ne savait plus même dire son propre nom : il le prononçait Divilchi, l'écorchant à la manière anglaise, métamorphose qu'on croirait à peine possible. Il descendait de ces huguenots qui lors de la révocation de l'édit de Nantes émigrèrent aux Pays-Bas et laissèrent de nombreux descendants au Cap, qui était à cette époque sous la domination des Hollandais. M. Péringuey, ce Français qui a fait du Cap sa nouvelle patrie, a fait d'intéressantes recherches sur l'émigration française au Cap de Bonne-Espérance. S'il y a dans la colonie nombre d'habitants qui portent, comme lord Devilliers des noms purement français, ces noms français ne font plus battre leur cœur. C'est tout ce qui leur reste de leur nationalité. La plupart ont tout oublié des aventures de leurs aïeux qui se réfugièrent en Hollande lors des guerres de religion. La Compagnie des Indes Néerlandaises les engagea à se rendre dans ses établissements du Cap. Quelques réfugiés, comme ils furent appelés depuis, crurent pouvoir fonder dans la colonie un groupe français qui conserverait les traditions de la mère patrie, et surtout la religion protestante. Il se trompait sur le premier point. Un premier convoi de Français arriva dans la Baie de la Table au commencement d'août 1688, à bord d'un navire hollandais. Ils n'apportaient pour toutes ressources que leur activité, leur industrie, et quelques ceps de vigne ; ressources fécondes si l'on en juge par les richesess dont ils dotèrent en peu d'années une terre presque inculte avant eux. Le nombre des émigrants ne dépassa guère deux cents familles, d'aucuns disent trois cents. Les archives ont conservé

leurs noms. Ils furent reçus, d'après les propres
termes du gouverneur Van der Stell, avec amour et
sympathie. Une somme de six mille rix talers, soit
environ trente mille francs, fut affectée aux besoins
des réfugiés, et les habitants du Cap y ajoutèrent
généreusement des dons en bestiaux. Si la charité
hollandaise justifiait et même dépassait l'attente des
nouveaux venus, il ne leur fallut pas longtemps pour
s'apercevoir que la liberté qu'on leur avait promise
était un leurre. Un monopole commercial pesait sur
le pays. Tout s'y vendait dans les magasins de la
Compagnie à des taux réglés par elle. Les particuliers
n'avaient droit de commercer ni avec les indigènes
ni avec les navires en rade. Le gouverneur Van der
Stelle leur défendit l'usage de leur langue, même à
leurs prêches ; il eut recours aux moyens les plus
arbitraires pour les obliger à faire apprendre la
langue hollandaise à leurs enfants, et il y réussit si
bien, que Lacaille, lorsqu'il vint au Cap en 1751 pour
mesurer l'arc du méridien, ne rencontra qu'un
vieillard qui parlait encore, et avec difficulté, la
langue nationale. En somme ils trouvèrent, comme
le disait un des leurs, que la grande tyrannie du
Roi-Soleil, qu'ils avaient fuie, avait déteint sur les
despotes minuscules qui gouvernaient sans contrôle
le Cap de Bonne-Espérance. La Compagnie des Indes
assignait comme résidence aux réfugiés français
Stellenbosch, aujourd'hui *Vranschen Hoek* ou Coin
français. C'est au Vranschen Hœk, qui s'appelait

alors la Vallée des Eléphants, que s'établirent, en 1690, les trois frères de Villiers, natifs de **La** Rochelle. Leurs descendants, dont l'un des plus notables est lord de Villiers, se comptent par centaines. M. Péringuey a vu les ruines de leur maison bâtie en argile et couverte en chaume. Plus tard les réfugiés quittèrent cette vallée et émigrèrent peu à peu dans l'intérieur, imitant les Boers ou paysans hollandais, dont ils ne différaient plus que par le nom et la couleur des cheveux. Quelques-uns des réfugiés se sont illustrés dans les annales de la colonie. M. Péringuey rapporte que Napoléon Ier, ayant appris qu'il existait au Cap un du Plessis, descendant d'une illustre famille de réfugiés calvinistes, lui fit proposer de lui **rendre le titre de comte** et de duc qu'avaient jadis porté ses ancêtres, et de le remettre en possession de domaines équivalant à ceux qui avaient appartenu à sa famille, s'il lui convenait de venir habiter la France. Mais le vieux colon, bien que très touché de l'offre, répondit qu'il était trop âgé pour devenir grand seigneur en France, et qu'il préférait rester modeste et simple paysan au Cap.

Le lendemain des funérailles de lord de Villiers, gouverneur intérimaire, j'ai assisté à la joyeuse entrée du nouveau gouverneur général lord Buxton, nommé par le roi en remplacement de lord Gladstone. La réception solennelle a eu lieu à l'Hôtel de Ville, dont l'immense salle de fête offrait un coup d'œil magnifique. Le bas de l'estrade était jonché de merveilleuses gerbes de fleurs. Lord Buxton, accompagné de la gracieuse lady Buxton et de ses enfants, fit son entrée aux applaudissements de tous les gradins. Le Maire lui souhaita la bienvenue en termes fort heureux. Le nouveau gouverneur, débarqué la veille après une heureuse traversée à bord du *Walmer Castle*, répondit par un discours improvisé qui lui conquit toutes les sympathies de l'assistance. Il lui laissa l'impression qu'il serait, comme gouverneur de la colonie, un homme de tact et d'énergie, *the right man in the right place.*

Le lendemain, par une journée de pluie et de rafales, j'assiste, dans la salle de la Chambre Haute, à l'ouverture du Parlement convoqué en session spéciale. A midi précis, son Excellence lord Buxton fait son entrée au son du *God save the King.* Il porte un brillant uniforme chamarré de décorations. Parmi les personnages qui ont pris place sur la basane des banquettes, je n'ai d'yeux que pour le célèbre général Botha, le héros de la guerre sud-africaine, figure ouverte et aux traits énergiques. Il est très entouré. Celui qui porta de si grands coups aux Anglais est aujourd'hui premier ministre d'une colonie britannique. Il est réconcilié avec l'Angleterre qui lui a fait un pont d'or, et il a épousé une Irlandaise. C'est un grand soldat, mais ce n'est pas un orateur. Le gouverneur lit une courte adresse au nom du roi, et déclare la session ouverte. Son discours est immé-

diatement traduit en hollandais par le président du
Sénat, M. Reitz, qui porte la toge présidentielle. Car
le Parlement du Cap est bilingue. Au Parlement,
comme dans les services administratifs, la langue
hollandaise jouit des mêmes droits que la langue
anglaise, en vertu d'une loi qui date du temps du
ministère Rhodes. Le système a des inconvénients
inévitables. Il n'y a pas, au Parlement du Cap, de
vrais orateurs. Le général Botha a lu quelques phra-
ses en anglais. Et tous les orateurs lisent, les uns
en anglais, les autres en hollandais. Une Babel où
l'on ne s'entend qu'à moitié. Il n'y a plus au Parlement d'orateur de la taille de Cecil Rhodes dont je
crois encore entendre l'éloquence prenante.

A l'issue de la séance je me rends au salon de la
présidence pour saluer M. Reitz, un des hommes que
j'ai connus lors de mon premier voyage en Afrique
australe. Il ne m'a pas oublié : il se souvient de
l'accueil qu'il me fit à Bloemfontein lorsqu'il était
Président de l'Etat libre d'Orange. Il a peu vieilli
depuis lors, et le portrait que j'en ai fait autrefois
est encore fidèle : il a toujours sa belle stature, son
front haut, son regard franc et doux, sa barbe longue
et touffue, sa physionomie avenante et sympathique.
Il a le physique robuste de l'homme du Nord, et
rappelle plutôt le type scandinave que le type hollandais. Je l'ai vu le lendemain dans son Tusculum, à
Rosebank, où l'on se rend en une demi-heure par le
train de Wynberg. J'ai eu quelque peine à découvrir,

dans ce district désert, le modeste cottage de style hollandais, à toiture de chaume. C'est la demeure d'un poète, car Reitz est un grand poète, et plus poète qu'homme d'Etat. Il a gardé tous ses sentiments républicains, et me prédit que l'Europe deviendra républicaine. Un président du Sénat d'une colonie anglaise faisant de telles prédictions, c'est un phénomène tel qu'on n'en voit qu'en Afrique australe. Mais ce qui est encore moins banal, c'est que nul ne fut plus acharné contre l'Angleterre que ce président de la République d'Orange aujourd'hui président du Sénat. On dit que c'est lui qui entraîna Krueger dans la guerre sud-africaine, et que sans lui cette guerre eût pu être évitée. Voilà un point d'histoire à élucider. Mais ce que l'histoire retiendra, c'est que les Anglais auraient pu et dû éviter cette guerre qui fut aussi désastreuse qu'inutile. M. Reitz a une grande admiration pour le génie colonial de Léopold II qui le reçut dans son palais à Bruxelles lors des beaux jours de l'Etat libre d'Orange dont le Président pouvait passer des vacances en Europe.

M. Reitz a bien voulu me remettre un mot d'introduction pour le général Botha. Mais le général m'a aimablement écrit que devant partir d'urgence pour Prétoria avec lord Buxton, il serait enchanté de m'y recevoir. Malheureusement, Prétoria n'est pas sur la route du Zambèse. Et voilà comment je n'ai pu voir de près le héros de la guerre sud-africaine.

J'ai fait quelques nouvelles connaissances au Cap.

M. O'Callaghan, un aimable Irlandais de vieille roche, qui m'a introduit auprès de Mgr Rooney, m'a invité à déjeuner chez Mme Cavanagh, sa belle-sœur, qui demeure à Lake-Side, à quinze milles de Cape-town. Le trajet se fait en chemin de fer, en cinquante minutes. Le voyage est ravissant. On contourne la montagne de la Table, et l'on gagne le versant opposé, où l'on trouve un autre climat. Quand nous quittons Cape-town il pleut à verse ; de l'autre côté de la montagne nous trouvons un soleil radieux. Le train court à travers de magnifiques forêts de pins. Après avoir dépassé Rondebosch et Wynberg, nous nous arrêtons à cent mètres de la mer, devant un délicieux lac d'eau douce qui donne son nom à la localité, Lake-Side, le « bord du lac ». En face du lac est située la demeure de nos hôtes que M. O'Callaghan a prévenus par téléphone. Cette aimable famille irlandaise nous fait un accueil charmant dans une de ces vieilles demeures qui datent de l'époque hollandaise, et qu'on trouve encore assez nombreuses au Cap. La maison est sans étage, précédée d'une veranda qu'on désigne sous le nom hollandais de *stoep*. J'ai vu à Batavia des habitations d'un aspect identique : elle porte d'ailleurs le nom suggestif de *Weltevreden*, qui est le nom de la nouvelle Batavia. Les meubles, tous d'un modèle différent, sont de vieux meubles du temps des Huguenots, d'un bois extrêmement lourd, connu sous le nom de stinkwood, dont les Boers font leurs chariots à bœufs. Les Hollandais faisaient fabriquer ces meubles par leurs esclaves. M. Cavanagh collectionne avec passion ces antiquités : beaucoup ont appartenu à Cecil Rhodes, qui était un ami de la maison, et qui avait coutume d'y venir s'asseoir sur un vieux banc hollandais à trame de cuir d'une étonnante résistance. M. Cavanagh est un grand admirateur de Rhodes, comme d'ailleurs doivent l'être les Irlandais auxquels Rhodes voulait donner le Home Rule. Et cependant, sur une question que je lui fais, il m'avoue que Rhodes connaissait les préparatifs du raid Jameson, et que son seul regret était que le plan n'eût pas réussi. Mais voilà : Rhodes est le plus grand homme que le Cap ait connu ; c'est le Napoléon du Cap.

Après un excellent déjeuner dans l'antique salle à manger de ce manoir hollandais, nous causons des choses d'Europe et d'Afrique sur la terrasse du stoep. L'air est si pur, si élastique, que nous entendons distinctement les conversations des piétons qui passent sur la chaussée, à cent mètres de distance. Dans cette atmosphère d'une admirable limpidité les monts Drakenstein découpent leurs fines dentelures qui font songer à la chaîne des Pyrénées. Ils forment la continuation de la Montagne de la Table, et vont mourir à la pointe du Cap.

Près de Lake-Side nous visitons la belle plage de Muizenberg (la Montagne des Souris). C'est là que Rhodes avait coutume de prendre ses bains de mer, et l'on me montre la maison qu'il y habita dans les

Le Mont de la Table.

derniers temps de sa vie, et où il mourut. C'est une petite maison fort modeste, que ses goûts simples lui faisaient préférer à la somptueuse résidence de Grooteschuur.

Nous nous arrêtons à Saint-James chez le révérend John Duignam, qui nous fait les honneurs de son humble presbytère où il vit depuis quarante ans. Le ravissant séjour ! La pièce principale de la maison est la bibliothèque, sanctuaire de calme et de paix. Le bon vieillard nous montre avec orgueil un araucaria d'Australie qu'il a planté autrefois dans son jardin, et qui est devenu géant. Il a bâti un couvent de religieuses, et il se propose de bâtir une école. Que de bien il a réalisé dans ce coin perdu de l'Afrique ! Il compte quatre cents paroissiens, et j'apprends avec surprise que parmi eux il y a beaucoup de Philippins auxquels il prêche en espagnol. Malgré son grand âge, il exerce tout seul son dur ministère. Comme il aime son Irlande qu'il vient de revoir pendant ses dernières vacances ! Les couleurs irlandaises flottent devant sa maison.

En rentrant en ville, nous apprenons la mort du général Delarey, un des héros de la guerre sud-africaine. Il a été tué hier dans des circonstances tragiques à Prétoria. Il se trouvait en automobile avec le général Beyer. Comme un meurtre venait d'être commis dont on recherchait les auteurs, la police leur enjoignit de s'arrêter, et sur leur obstination à poursuivre leur route, tira sur eux dans la pensée que c'étaient les deux meurtriers en fuite.

On m'avait montré le général Delarey à la séance du Parlement, et voici que le lendemain j'apprends sa mort ! Les Boers, d'un naturel soupçonneux, prétendent que ce n'est pas là une simple méprise, et que celui qui était visé était Beyer, à cause des tendances qu'il partage avec le général Herzog, le chef du parti anti-impérialiste. Il y a toujours chez les Boers des conspirateurs qui rêvent de reconquérir leur indépendance, se souvenant de leurs ancêtres qui ont conquis le Cap. Pour eux, Cape-town s'appelle toujours Kapstad.

CHAPITRE III

Les environs du Cap.

Le Cap est un des plus beaux séjours de la terre. Le climat est idéal, l'air est vivifiant, le paysage merveilleux.

Pour jouir du paysage, il faut monter au Kloof, passe qui s'ouvre à cinq cents mètres d'altitude entre la Montagne de la Table et la Tête du Lion. J'y montai jadis par une superbe route carossable tracée en lacets et construite par les convicts. L'ascension demandait alors deux heures, car on s'arrêtait au bout de chaque lacet pour admirer les superbes échappées s'ouvrant entre les pins géants. Aujourd'hui c'est en tram électrique qu'on monte au Kloof en vingt minutes. Et ainsi l'idéal est tué par le progrès.

Mon but, en montant au Kloof, n'est pas tant de revoir le splendide horizon que j'y ai contemplé autrefois, que de parcourir la promenade horizontale qu'on a créée récemment sur les flancs de la Montagne de la Table, et qui va d'un versant à l'autre, du Kloof à Grooteschuur, pareille à la « Promenade horizontale » qui mène des Eaux-Bonnes aux Eaux-Chaudes dans les Pyrénées. Ce chemin, que peuvent seuls suivre les piétons, est beau comme un chemin du paradis. Je l'ai suivi par un soleil magnifique qui faisait resplendir comme un miroir la nappe d'azur de la Baie de la Table, plus belle que la baie de Naples. L'atmosphère est ici plus pure, l'air est plus vif, plus élastique, la verdure est plus vigoureuse, et à l'attrait de la mer s'ajoutent les fascinations alpestres. Après Rio de Janeiro, le Cap est le plus beau site de la terre, avec un climat infiniment plus salubre et plus vivifiant.

Dans la limpidité de l'air les bruits de la ville arrivent jusqu'à ces hauteurs avec une surprenante netteté. Je reconnais le son de la cloche de la cathédrale Saint- Mary. La ville se déploie en damier, avec ses rues tracées géométriquement entre la montagne et la baie, assise au bord d'un des bouts du croissant, tandis que l'autre extrémité lui fait face. Ces deux rives, situées ainsi en face l'une de l'autre, constituent pour une ville maritime un grand élément de beauté. Et l'œil aime à suivre les vaisseaux qui sillonnent la nappe d'azur de cette baie incomparable.

Pour se faire une idée des dimensions de la Montagne de la Table, ce prodigieux soulèvement de grès aux stratifications horizontales qui est l'œuvre de millions d'années, il faut en faire le tour comme on ferait le tour du Mont-Blanc. Aujourd'hui la chose est devenue facile, et se fait en un après-midi grâce au tram électrique. On gagne d'abord, en une demi-heure, la délicieuse baie connue sous le nom de Camps Bay. Sur un parcours de près de dix kilomètres on longe la mer, une admirable mer bleue. La route est belle comme la Corniche. Des agaves dressent tout le long de la plage leurs grands coutelas, et la vue s'arrête sur une superbe chaîne de montagnes abruptes qui forme la continuation de la Table. Tout cela rappelle et surpasse même les splendeurs de la Côte d'Azur. Une côte d'azur sans le mistral.

On arrive bientôt à Houts'Bay, où l'on s'arrête dans un site morose, au milieu d'un cirque de montagnes nues, destituées de toute végétation. Une de ces montagnes m'a intrigué par cette singularité qu'elle disparaît jusqu'à mi-côte sous d'énormes amas de sable que le vent y a déposés, phénomène d'autant plus extraordinaire que la mer est fort éloignée et même invisible en cet endroit. De Houts' Bay on gagne la passe qui aboutit à l'admirable vallée de Constance, célèbre pour les vins qui s'exportent sous ce nom, depuis que les y ont acclimatés les anciens réfugiés français. On débouche dans les grandioses pineraies de Wynberg, on traverse Grooteschuur, et l'on rentre à Cape-Town par le vieux château historique des Hollandais.

Parmi les montagnes qui forment un bel arrière-plan à la ville du Cap, il n'en est pas de plus frappante que la Lions'Head, ainsi nommée à cause de sa ressemblance avec une tête de lion, ressemblance

que je n'ai jamais d'ailleurs pu découvrir. A première
vue, on la prendrait pour un volcan éteint, à cause
de sa forme conique ; c'est tout simplement un satel-
lite de la Table, dont elle s'est visiblement détachée
par un long travail de désagrégation. Une croix
gigantesque apparaît sur le versant sud. La tradition
veut que cette croix ait été taillée dans le roc par
ordre de Vasco de Gama, lorsqu'il s'ouvrit la route
des Indes par le Cap de Bonne-Espérance. La branche
verticale n'est d'ailleurs qu'une fente natuelle du
rocher ; mais les deux branches horizontales semblent avoir été taillées de main d'homme.

L'ascension du Lion me tentait. Bien qu'elle passe
pour périlleuse, le Mountain Club l'a singulièrement
facilitée par l'établissement d'une série de chaînes
en fer sur les parois du rocher. Je l'ai entreprise
seul, sur l'assurance qu'il y avait un sentier tracé.
Du Kloof je me suis engagé sur le chemin qui traverse la fameuse forêt des arbres d'argent. Tout est
d'argent autour de vous, feuilles, branches, troncs.
Ces arbres merveilleux, que les botanistes appellent
Leucodendron argenteum, ne se trouvent que dans
les passes montagneuses de la péninsule du Cap, et
nulle part ailleurs. Quand on les a vus une fois, on
n'oublie plus jamais les arbres d'argent.

De la forêt d'argent se détache le sentier qui mène
au Lion. C'est une adorable solitude. Personne n'y
passe. Je suis roi de la montagne. Après une heure

de montée, j'arrive au tournant du rocher où je suis assailli par un vent terrible. Comme un splendide lever de rideau m'apparaît soudain la Baie de la Table et la ville du Cap qui n'est plus qu'un village, vue de cette hauteur. C'est ici que commence l'escalade des rochers, ascension qui serait doublement périlleuse par un tel vent. Je bats en retraite à midi, me promettant de revenir à la charge en un temps meilleur.

En rentrant à l'hôtel, j'y trouve un compatriote, le père V., en uniforme militaire en sa qualité d'aumônier des troupes anglaises qui comptent beaucoup d'Irlandais. Il a fait autrefois, du côté des Boers, la campagne sud-africaine, sur laquelle il me donne des détails inédits. Il était à Colenso et à Ladysmith. Il m'explique comment il se fait que sur le champ de bataille de Colenso il n'y eut que trois morts du côté des Boers et trois mille morts du côté des Anglais. C'est que les Boers se rendaient invisibles. Ils se tenaient cachés dans les broussailles, d'où ils canardaient les régiments anglais qui passaient la rivière. Cette guerre était si acharnée, qu'ils faisaient des marches de nuit pendant un mois entier, sans dormir autrement que sur leurs chevaux. Au début les Anglais avaient une peur atroce d'être faits prisonniers, parce qu'on leur avait dépeint les Boers comme des êtres plus sauvages encore que les noirs. Grande fut leur surprise quand ils virent que les Boers traitaient si bien leurs prisonniers : ils apprirent à

les estimer, et c'est ainsi qu'il y eut de fréquentes
défections dans les rangs anglais.

Bien que le père V. n'eût jamais accompli le
moindre exploit d'alpiniste, il voulut bien me tenir
compagnie lors de ma nouvelle tentative d'escalade
du Lion. Nous reprenons le sentier déjà parcouru,
jusqu'au tournant où j'avais dû battre en retraite.
Là commencent les difficultés. Les rochers qui se
dressent devant nous sont des murailles verticales
qui feraient hésiter même les chats sauvages. Il
serait impossible de les attaquer si l'on n'y trouvait
une succession de chaînes de fer solidement ancrées
dans la roche. Nous nous y cramponnons à tour de
rôle, véritable exercice de mousse et excellente leçon
de vertige. Et nous parvenons ainsi, de roc en roc,
au sommet du Lion, dont la conquête me tentait
comme autrefois m'avait tenté celle du *Pieter-booth*
de l'île Maurice, si fascinant par son aspect inac-
cessible.

La Montagne de la Table paraît, elle aussi, inac-
cessible, et elle domine le Lion de toute sa hauteur
de 1174 mètres. Je l'ai gravie avec M. O'Reilly,
membre du Mountain Club dont il porte les insignes.
Attaché au *Civil Service*, il fait chaque dimanche
une expédition alpestre. Il a fait des centaines de
fois l'ascension de la Table, qui est une plus sérieuse
affaire que je ne pensais. Nous partons à neuf heures
du matin, munis de provisions que mon guide porte
dans son sac de montagnard. En quittant l'hôtel

International, nous prenons l'adorable route qui monte vers la Table, et qui est ma promenade favorite de tous les soirs. Cette route, dallée au dix-huitième siècle par les esclaves, est ombragée par des sapins séculaires et des eucalyptus géants. Ça et là surgit encore quelque vieux manoir de style Louis XV qu'on est étonné de rencontrer au bout de l'Afrique et dans un tel abandon. Nous côtoyons des eaux courantes claires comme le cristal, descendues de la montagne. Comme ces eaux sont destinées à l'alimentation de la ville, il est défendu de s'en servir pour tout autre usage.

Nous voici bientôt au pied de la formidable muraille perpendiculaire de la Table, qui nous surplombe encore d'un millier de mètres. On ne voit vraiment pas par où l'escalade est possible. Mais après avoir longé quelque temps le pied de la muraille, nous débouchons devant une étroite fissure, sorte de gorge qui a conservé son vieux nom hollandais de *Platte-Klip*, Roche Plate C'est par là que nous attaquons la montagne. Le chemin est ardu et le devient plus encore à mesure qu'on s'élève. Il faut gravir d'affreux amas d'éboulis qui cèdent sous les pieds. Au bout de cet essoufflant travail, nous atteignons le *Breack-feast Rock*, le Rocher du déjeuner, où nous faisons honneur à nos provisions, et à une eau cristalline qui tombe dans un entonnoir en cascade infiniment gracieuse. Au moment où nous débouchions en cet endroit, nous ne fîmes qu'entrevoir un félin venu sans doute y boire, qui se sauve rapidement parmi les rochers. Nous crûmes, reconnaître un lynx. Pareille rencontre, si près d'une ville, était assez inattendue. Autrefois les grands félins, le lion et la panthère, visitaient l'établissement des Hollandais et s'aventuraient jusqu'au château. Nous distinguons à une portée de fusil deux touristes qui attaquent la montagne par une autre fissure, et qui nous envoient leur salut. Ce sont des membres du *Mountain Club*. Mon compagnon retrouve en cet endroit un nid qu'il avait remarqué il y a quinze jours. Les œufs sont éclos depuis, et les pauvres petits oiseaux ouvrent leur bec pour demander à manger.

Nous poursuivons notre ascension sur des blocs de rocher où il faut faire des enjambées énormes, vrai nids d'entorses où l'on se briserait aisément bras et jambes. Ces quartiers de roc offrent des arêtes pointues et tranchantes, comme celles des blocs de lave d'où je sortis complètement meurtri lors de mon ascension au Mont Ararat. Mais la Table n'est qu'un pygmée auprès du géant de l'Arménie.

Nous atteignons enfin le couloir terminal, d'où il sort un vent frais et pénétrant qui nous fige la sueur sur la peau. Ce vent est d'une telle violence que nous devons nous raidir pour ne pas être renversés. Plus haut encore, une brume glaçante vient nous mouiller jusqu'aux os. C'est la nappe dont s'enveloppe souvent la Table, la « *Table Cloth* », comme disent les habitants du Cap. Il est midi quand nous atteignons le plateau terminal. Mais hélas ! la brume nous cache le panorama et nous prive de l'orgueilleux plaisir de contempler le cap où viennent mourir à la fois les vagues de l'Océan Indien et celles de l'Atlantique.

Beaucoup de voyageurs prétendent avoir été au sommet de la Table qui n'ont jamais vu la montagne que de loin. On peut soupçonner que de ce nombre est le célèbre François Le Vaillant, qui se borne à dire que par le plus beau temps du monde il se rendit sur le sommet de la Table, sans donner le moindre détail sur la route qu'il suivit. On sent que ce voyageur est de l'école de son contemporain Chateaubriand, dont Jules Lemaître disait : « Avec lui on ne sait jamais ». L'ascension de la Table n'est pas une aussi facile promenade. Je ne l'aurais jamais tentée seule, car le grand danger de cette montagne, ce sont les brumes subites qui l'enveloppent presque chaque jour. Plus d'un voyageur s'y est perdu. Plus d'une fois il a fallu organiser des expéditions de secours pour aller à la recherche de touristes qui s'y étaient égarés et qu'on retrouva à demi morts de faim et de froid. N'affrontez cette perfide montagne qu'avec un bon guide. Je n'aurais jamais pu en effectuer la descente dans la brume si je n'avais eu l'assistance d'un montagnard aussi expérimenté que M. O'Reilly.

CHAPITRE IV

Du Cap à Bulawayo.

Quand Livingstone découvrit les chutes du Zambèze, quand il aborda le 17 novembre 1855 dans l'île qui porte encore son nom, qu'il contempla cette unique merveille qu'aucun Européen n'avait vue avant lui, il éprouva une de ces émotions qui font époque dans le cours d'une existence humaine, et depuis lors on l'entendit souvent dire qu'il considérait cette découverte comme l'évènement le plus considérable de sa vie.

Contempler les chutes du Zambèze, la perle des paysages du monde, c'est le couronnement d'une vie de voyageur. Et voici qu'il m'est donné d'accomplir ce rêve que je caressais depuis tant d'années. Lors de mon premier voyage en Afrique australe, le fameux Cecil Rhodes, avec cette bonhomie qui lui était habituelle, m'offrit à brûle-pourpoint de m'amener en Rhodésie dans son wagon à bœufs. Parcourir la Rhodésie avec l'homme dont elle porte le nom, quelle séduisante perspective ! Mais Mafeking était alors le terminus de la voie ferrée. Et de Mafeking en Rhodésie c'était un voyage de plusieurs mois à cause de la lenteur des bœufs. Je remerciai Cecil Rhodes, lui disant que j'attendrais l'achèvement du chemin de fer du Cap au Caire qui était une de ses idées chères. Il me répondit que j'avais tort. Et peut-être avait-il raison. Car que sait-on de l'Afrique vue des fenêtres d'un train ? Et que sait-on de l'Océan contemplé du haut du pont d'un transatlantique ?

A cette époque, on passait encore pour un explorateur quand on avait poussé jusqu'aux chutes du Zambèze. C'était un voyage long, pénible, voire périlleux à cause de l'hostilité des indigènes, de la rareté de l'eau et des vivres, à cause de la mouche tsé-tsé qui tuait les bœufs du voyageur, et à cause des fièvres qui tuaient le voyageur lui-même. Du bout du rail aux chutes on comptait 1.500 kilomètres que les bœufs mettaient trois mois à parcourir. Aujourd'hui il suffit de cinq jours pour franchir en chemin de fer le trajet de 2.662 kilomètres du Cap au Zambèse, et d'une semaine pour couvrir toute la distance de 3.750 kilomètres du Cap à Elisabethville, dans le Haut-Katanga.

Tous les mercredis, à onze heures du matin, le jour même de l'arrivée de la malle anglaise, un train spécial part du Cap pour la Rhodésie. Ce train chauffe au lieu même où, au temps du gouverneur Van Riebeek, le lion venait rugir la nuit. En prenant possession de mon compartiment, je constate avec satis-

faction qu'il sera infiniment plus confortable que
ceux dont je fis la triste expérience sur le chemin
de fer de l'Ouganda. Bien que l'écartement des rails
ne soit, ici comme là, que de trois pieds et demi, les
voitures sont construites de manière que les banquettes sont disposées dans la largeur du train, et
non pas dans la longueur comme celles des trains de
l'Ouganda. La nuit, les voitures se transforment en
wagons-lits. Le dossier des banquettes se relève pour
former une petite couchette sur laquelle un noir
dispose draps et couvertures moyennant un léger
supplément. La petite toilette adaptée à la paroi
devient, par un système ingénieux, une petite table
de travail pour le jour. Le confort serait parfait sans
l'infernale poussière africaine sous laquelle on se
réveille chaque matin, au grand dommage des yeux
que guette la conjonctivite.

Pendant les premières heures le train court à travers une plaine riante avec la grandiose perspective
de la montagne de la Table. Bientôt deviennent visi-
bles les premières montagnes qui forment les contreforts du Karou, le haut plateau de l'Afrique australe.
Bien qu'elles ne paraissent pas très élevées, elles sont
saupoudrées de neige, car en ce mois d'août de l'hémisphère austral qui correspond à notre mois de
février, les nuits sont froides. Mais l'air se réchauffe
dès que le soleil se montre, et à midi c'est une chaleur
d'été. On se croirait en Suisse. C'est le même air vif
et élastique, le même paysage vert sur lequel tran-

chent des neiges étincelantes comme des cuirasses. Comme la Suisse, le pays a de magnifiques forêts de pins, et il a, en plus, des bois d'eucalyptus. Riche en chevaux, en moutons, en cochons, il nourrit en outre des autruches qu'on rencontre par troupes. L'autruche ne se voit plus guère à l'état sauvage ; mais on élève quantité de ces bipèdes pour leurs plumes qui font l'objet d'un commerce considérable. Les mules remplacent ici nos chevaux de labour : c'est plaisir de voir une attelage de dix mules traîner une charrue.

Le train fait arrêt à Paarl, la vieille ville que fondèrent les Hollandais aux premiers temps de la colonisation. Elle s'étend, ne formant qu'une seule rue de deux lieues de long, au pied de la montagne qui lui sert de mur. C'est dans cette ville purement hollandaise que s'établirent autrefois quantité de Huguenots qui y ont fait souche. De gentils petits Cafres viennent le long des wagons offrir des fruits, des pommes bien charnues et des oranges bien succulentes : on ne se croirait vraiment pas en hiver. Il est vrai qu'en Espagne j'ai vu les orangers portant leurs fruits en février. A peine a-t-on dépassé Paarl que commence l'ascension des contreforts du haut plateau, à l'aide de deux machines attelées l'une à l'avant, l'autre à l'arrière. Le train s'élève par une telle complication de courbes, que les pentes supérieures longent parallèlement les pentes inférieures, si bien que l'œil peut suivre d'en haut toute la succession de lacets parcourus. Au bout de trois heures d'ascension le Karou apparaît subitement, le plateau s'étend devant nous à perte de vue, tandis que derrière nous les montagnes que nous venons de franchir dressent leurs crêtes dentelées. Le soleil se couche à six heures, et la fraîcheur tombe avec la nuit qui vient presque tout d'un coup. De ci de là de grands feux pétillent dans la plaine, autour desquels sont accroupis des Cafres frileux.

Le lendemain, du matin au soir, c'est toujours la plaine du Karou, d'une souveraine monotonie, n'offrant d'autre végétation que des genévriers nains, et, comme mélancolique diversion, des milliers de petites termitières et aussi des traces d'anciens retranchements et de nombreuses tombes datant de la guerre boer. De loin en loin un berger cafre, n'ayant d'autre vêtement que la traditionnelle peau de mouton, connue, en langue cafre, sous le nom de Kaross. La voie est clôturée pour que se tiennent à distance les autruches que le passage du train laisse indifférentes. La rivière Orange, que nous passons au milieu du jour, est presque complètement à sec : dans la saison des pluies, c'est un vrai fleuve.

Kimberley, où le train fait un arrêt prolongé, n'a pas changé d'aspect depuis vingt ans que je la visitai en détail. C'est toujours la même cité des diamants que j'ai décrite alors (1), bâtie en fer blanc autour

____

(1) *A travers l'Afrique australe.*

4

des cratères diamantifères. Cette ville où vous cher-
cheriez en vain autre chose que du diamant, m'a
laissé un si affreux souvenir, que je n'éprouve nul
désir de m'y arrêter encore. A Kimberley monte
dans le train une bande de soldats ivres. Ce sont des
soldats de la police montée. Ils portent des jambières
en cuir et sont coiffés d'un chapeau à bord relevé
comme en portent les cow-boys d'Amérique. L'un
d'eux s'installe sans façon sur ma banquette, et j'ai
grand peine à l'en expulser. C'est un Boer authentique, comme l'atteste la langue qu'il parle.

Nous voici dans le Bechuanaland, pays désert et
plat comme la main. Plus de Kopjes. De loin en loin
une ferme autour de laquelle errent des chevaux
ayant des entraves aux pieds. On n'aperçoit pas le
moindre gibier dans ce désert qui s'étend à perte de
vue comme la mer. Nulle part il n'y a apparence
d'eau. Il y a de l'eau pourtant dans les couches inférieures du sol, mais il faut l'y aller chercher à l'aide
d'aéro-moteurs.

Mafeking est la dernière station de la colonie du
Cap. Située sur la limite du Kalahari, c'est la capitale
du désert. Lors de la guerre des Boers, Mafeking
était le point extrême du réseau de chemin de fer
qui a été prolongé depuis vers la Rhodésie et le
Katanga. On se rappelle qu'elle subit alors un siège
qui ne dura pas moins de sept mois, et qui fut le
pendant du fameux siège de Kimberley. Les Anglais

avaient fait du Cannon Kopje une forteresse contre laquelle échouèrent toutes les attaques des Boers.

Trois jours après le départ du Cap, le train franchit le tropique du Capricorne. Le ciel est d'un bleu intense, le sol est d'un rouge brique comme dans l'Ouganda, la poussière prend des proportions épiques. Le pays est plus aride que jamais. La végétation est celle du désert, et dans ce pays de sécheresse triomphe le cactus-cierge. Cet affreux pays n'est pas inhabité : de loin en loin surgit un village cafre aux huttes de chaume, où vivent des noirs insoucieux qui préparent leurs repas en battant les graines avec un pilon.

Comme diversions à ce long et monotone voyage, on fait de curieuses rencontres. Dans un compartiment voisin voyage un homme très intéressant. Il a le front large et les cheveux blonds des Albanais. Et c'est en effet un pur Albanais qui s'est fait éleveur après avoir construit maints chemins de fer en Afrique. Il prétend qu'Alexandre-le-Grand était Albanais. Et il déteste les Anglais autant qu'il admire Alexandre dont il croit descendre. Un autre Européen, venu de Hollande, descend à une petite station portant le nom de Francistown. Jamais plus joli nom ne désigna plus affreux poste. On se demande quel crime un homme intelligent peut avoir commis pour être digne d'un poste pareil. Mais la rencontre la plus inattendue est celle d'un prince indigène qui voyage en seconde classe, fort élégamment vêtu d'un complet du dernier cri. Il est le fils de Luanika, l'ancien roi des Ba-rotsé, qui n'avait pas moins de trois cents femmes. Je lui fais subir une interview à l'aide de son interprète ; bien que fils de roi, il n'est pas héritier présomptif, parce qu'il n'est pas le fils de la reine légitime. Il paraît enchanté des quinze jours de vacances qu'il vient de passer au Cap.

Et nous voici en Rhodésie. Cet ambitieux néolologisme qui ne figurait pas encore sur la carte lors de mon premier voyage en Afrique australe, a remplacé le nom plus couleur locale de Mashonaland, de par un trait de plume du Napoléon de l'Afrique. La Rhodésie n'a plus l'aspect navrant du Karou et du Bechuanaland ; mais le paysage n'en est pas moins mélancolique. Des arbres à tête ronde forment une forêt clairsemée, et çà et là apparaissent les premiers baobabs, ces arbres grotesques si caractéristiques de l'Afrique tropicale. Les arbres, toujours les mêmes, se succèdent avec une désespérante monotonie. La seule diversion dans le paysage, ce sont les Kopjes, petites buttes bizarement formées de blocs de rochers en forme de cubes.

Nous roulons depuis trois jours, quand un poteau indicateur nous apprend que nous sommes à 1360 milles du Cap. Encore quelques minutes, et nous sommes à Bulawayo ou Buluwayo, dont le nom d'une délicieuse saveur africaine signifie tout simplement « le lieu de la boucherie » et évoque le temps si proche de nous — qui ne s'en souvient ! — où le féroce

Lo-Bengula, roi des Matabélés, résidait ici dans son Kraal militaire. Ce n'est plus là qu'un souvenir. Le temps marche si vite, et l'Afrique se transforme si rapidement ! Sans ce souvenir qui jette sur Bulawayo une ombre mélancolique, cette ville n'offrirait pas plus d'intérêt que la plupart des cités nouvelles du Far-West américain.

Bulawayo passe généralement pour être la capitale de la Rhodésie, parce qu'elle en est la ville la plus peuplée. En réalité le titre de capitale appartient à Salisbury, qui est le siège du gouvernement, bien qu'elle ne compte qu'une population de deux mille blancs. Salisbury fut fondée trois ans avant Bulawayo. Mais la voie ferrée atteignit Bulawayo dix-huit mois avant d'atteindre Salisbury, et c'est ainsi que la ville nouvelle éclipsa la capitale par le chiffre de sa population et la richesse de ses édifices.

Bulawayo a un « grand hôtel », le seul hôtel à étage qu'il y ait dans toute l'Afrique du Sud. De la gare on y va en automobile, ou encore en djin-riki-cha, la voiture japonaise dont les traîneurs sont des noirs portant sur la tête des plumes à la sauvage. Il n'y a pas encore de tramways, mais il y a un réseau de fils électriques et de fils téléphoniques, et tout ce qui peut donner à une ville créée dans la brousse africaine un air civilisé à la hauteur du progrès. Bulawayo est l'embryon d'une superbe cité. Comme les fondateurs de la ville envisageaient pour la Rhodésie un merveilleux avenir, et qu'elle devait répondre par son développement aux destinées de la colonie, on la bâtit sur un plan tel qu'on ne dût point la remanier par la suite. De belles et solides constructions étaient considérées tout à la fois comme une nécessité et comme un bon placement. On vit, dans les premiers temps, la valeur des terrains monter en six mois de 4.000 à 50.000 francs. La future capitale de la Rhodésie eut tout de suite son « grand hôtel », sa banque, son hôtel des Postes, son hôpital ,son musée, sa bibliothèque, son palais de justice, son parc public, son club. Tout cela sortit de terre comme par enchantement. Et quand on songe que cette ville occupe l'emplacement du Kraal où Lo Bengula résidait dix ans avant, on se demande si ce n'est pas un rêve. L'arbre sous lequel Lo Bengula rendait la justice existe encore dans le parc public. On raconte au sujet de ce despote africain que la bière de millet était sa boisson favorite. Ayant appris qu'un noir avait goûté sa bière, il lui trancha les oreilles pour n'avoir pas entendu sa défense, le nez pour avoir senti l'odeur de sa boisson, la langue pour l'avoir goûtée, puis il le fit tuer par ses gens.

Bulawayo offre un singulier mélange de civilisation et de barbarie, de luxe et de sauvagerie. Dans la salle à manger du Grand Hôtel, aussi luxueuse que celles des hôtels d'Europe, j'ai vu des gens dîner en chemise de flanelle, les manches relevées jusqu'au coude. Et pourtant, on aurait tort de croire qu'il n'y

a ici que des aventuriers. Bulawayo a une bibliothèque publique qu'on ne s'attendrait pas à trouver
dans un pays aussi neuf, et qui ne possède pas moins
de dix mille volumes, dont quelques-uns en français.
A côté des coureurs d'aventures on trouve donc ici
des gens intelligents qui lisent et qui s'instruisent.
Pour mieux s'en convaincre, il suffit d'entrer au club.
On y voit, dans des salons fort luxueux, une bibliothèque coloniale des mieux fournies, où figurent dans
de splendides reliures les ouvrages de Livingstone
et des principaux explorateurs de l'Afrique. Enfin je
n'ai pas été peu surpris de trouver à quelques pas
de la bibliothèque un musée africain des plus ins-
tructifs pour le naturaliste et l'ethnographe. A côté
des collections de zoologie et de minéralogie on y
voit les armes et les ustensiles des Matabélés, lances,
flèches, tambours de guerre, poteries, ouvrages en
fer et en cuivre des indigènes, sans parler de quelques curieux objets provenant des fameuses ruines
de Zimbabye.

Le principal monument de Bulawayo est la statue
de Cecil Rhodes, œuvre de Tweed. A défaut de valeur
artistique, la statue a les dimensions qui conviennent
au colosse de Rhodes, et l'homme est d'une ressemblance qui frappe ceux qui l'ont connu. Il est représenté la main derrière le dos, attitude familière qui
lui était habituelle. Au club il y a une autre statue
de lui, où l'artiste l'a représenté armé d'une bêche
symbolique : l'idée est originale, mais je n'ai rien

vu de plus drôle. Le portrait du grand homme est à tous les étalages et dans tous les salons. La maison qu'il s'était fait construire à Bulawayo est aujourd'hui le « Government House ». De style hollandais, elle est la réplique de sa célèbre résidence de Groote-Schuur au Cap, et elle est bâtie à l'endroit même où résidait Lo-Bengula. Dans le jardin vit toujours l'arbre auquel le roi des Matabélés pendait ses sujets.

Où Rhodes serait-il populaire si ce n'est en Rhodésie ? Son nom est resté au pays qu'il a sinon découvert, du moins conquis. Créateur de la Rhodésie, il voulut faire de Bulawayo une ville digne de sa création. « Méthodes modernes, développement rapide », tel était son mot d'ordre. Et à ses yeux, de toutes les méthodes modernes la meilleure était celle de la marche en avant, même si le résultat devait être une perte momentanée, en attendant les réalisations de l'avenir qui feraient apparaître la supériorité de la méthode du « *go ahead !* » sur des méthodes plus prudentes. Mais il est évident que cette méthode là a ses dangers, et peut facilement tomber dans la politique de l'extravagance qui était, il faut bien le dire, la politique de Rhodes. A quelqu'un qui disait que Bulawayo était une ville bâtie sur la foi, un autre répondit : « Oui, mais qu'est-ce que la foi sans les œuvres ? » La Rhodésie est une œuvre, il est vrai, mais c'est l'œuvre d'un seul homme. Le nom de Rhodes suffisait pour inspirer la foi. Mais depuis que l'homme a disparu, la Rhodésie est comme un navire qui n'a plus son capitaine. D'autres peuvent prendre la direction du navire, mais le capitaine n'est plus là.

On n'imagine pas avec quelle respectueuse affection les habitants de la Rhodésie prononcent le nom de Rhodes. L'homme n'est plus là dans lequel ils avaient une foi aveugle. Quand des colons se trouvaient en conflit avec la Compagnie à charte ou avec des particuliers, Rhodes était là pour aplanir la difficulté, toujours prêt à faire droit, même de ses deniers, à un grief fondé, et il y mettait une franchise et une générosité admirables. Mais si la prétention n'était pas juste, il le disait avec la même franchise, et les mécontents s'en retournaient contents. C'était un remarquable manieur d'hommes.

Les habitants de Bulawayo ont grande confiance dans l'avenir d'une ville qui est le centre de nombreux districts miniers. On y vit largement, comme partout où règne l'*auri sacra fames*. C'est sur les mines d'or que Rhodes fondait l'avenir de la Rhodésie. Une autre source de richesse, ce sont les inépuisables dépôts de charbon qu'on y a découverts. Enfin la Rhodésie passe pour être le meilleur pays de pâturages de toute l'Afrique du Sud. Sur son sol croissent aussi bien les produits de la zone tempérée que ceux de la zone tropicale. On y cultive toutes les variétés de fruits, le tabac, le thé, le café, et aussi le caoutchouc. Les derniers explorateurs anglais, les

Hutchinson **(1)**, les Knight **(2)**, n'hésitent pas à prédire que la Rhodésie sera un jour une des plus précieuses colonies britanniques.

Et pourtant, les pionniers n'ont pas trouvé jusqu'à présent en Rhodésie l'Eldorado de leurs rêves. Le fait est là. Quelles sont les causes ? Sans rechercher si la politique coloniale suivie par la Compagnie à charte et par la métropole a toujours été celle qui convenait, il faut reconnaître que dès sa fondation la Rhodésie, comme si ç'eût été une terre maudite, n'a cessé d'essuyer une succession de désastres tels que n'en vit jamais colonie naissante. A peine la guerre contre les Matabélés était-elle terminée, les volontaires s'établirent dans le pays qu'ils venaient de conquérir, fondèrent des fermes, acquirent des claims dans les mines. Ce fut une spéculation sans exemple. Des terrains achetés 1.000 francs se revendaient 20.000 francs. Fermes et mines d'or donnaient des résultats merveilleux.

Mais cette magnifique prospérité ne devait pas durer longtemps. Des fléaux sans nombre allaient éprouver la colonie. Ce fut d'abord la peste bovine qui envahit toute la Rhodésie et détruisit 97 pour cent du bétail. Dans un pays de pâturages qui devait toute sa richesse au bétail et qui n'avait d'autres

----

(1) *From the Cape to the Zambesi.*
(2) *South Africa after the war.*

moyens de transport que les chars à bœufs, ce désastre causait la ruine de l'agriculture et du travail des mines. Les choses nécessaires à la vie atteignirent des prix de famine, et beaucoup de colons ruinés durent abandonner la contrée.

Ce fut ensuite la révolte des Matabélés, suivie du massacre des blancs dans les districts écartés, de la destruction des propriétés et de la ruine de l'industrie. La révolte éclata si soudaine, que les colons isolés ne purent compter sur aucun secours. Des familles entières furent assassinées avec des raffinements de cruauté. Aux uns on coupait tous les doigts avant de les mettre à mort, d'autres étaient brûlés **vifs. Que de scènes** tragiques, et aussi que de traits d'héroïsme ! En voici un entre bien d'autres. Des blancs sont assiégés par une horde de Matabélés. Deux d'entre eux veulent gagner le bureau télégraphique, car ces sauvages n'ont pas eu l'idée de couper les fils. La distance est de quelques centaines de mètres. L'un d'eux est mortellement frappé ; l'autre, gravement blessé, peut avant de mourir, lancer un télégramme par lequel il demande l'envoi immédiat de cent hommes. La dépêche est reçue par le capitaine Randolph Wesbit, qui commande une patrouille de vingt hommes seulement. Il se met en route aussitôt et se fraie passage à travers les assaillants. Les femmes, placées dans un chariot recouvert de tôle, sont sauvées, mais les hommes sont presque tous massacrés ou blessés.

Après la révolte des indigènes vint cette malheureuse guerre des Boers qui pendant trois ans obligea tous les hommes valides à prendre les armes et coupa la Rhodésie de toute communication avec le monde. Ensuite s'abattit une épidémie sur les chevaux, qui fit d'immenses ravages. Puis ce furent les invasions de sauterelles qui dévorèrent les moissons.

Quand on songe à tous les fléaux qui ont éprouvé la colonie, on s'étonne de sa force de résistance. Les quelques milliers de blancs qui sont disséminés sur un territoire comparable à celui de la France et de l'Espagne réunis doivent être d'un tempérament que rien ne peut abattre. Vous ne leur ôterez pas de la tête que la Rhodésie est une terre promise, et que tôt ou tard elle apportera la fortune aux colons qui sauront attendre. Ils ont foi dans l'avenir d'un pays dont les pâturages et les terres arables d'une étendue illimitée sont les meilleures du monde. Toutes les colonies ont débuté par une ère d'épreuve.

On comprend que le climat doit varier beaucoup sur une aussi vaste étendue de territoire. Mais on admet généralement que la Rhodésie du sud convient à l'établissement de la race blanche. Il n'y a pas de climat plus salubre et plus agréable que celui des hauts plateaux rhodésiens. Il est vrai que les blancs, au bout d'un séjour prolongé, prennent le teint que donne le tropique et sont sujet à des accès de fièvre bénigne ; mais c'est là un fait inséparable du séjour dans les contrées neuves de l'Afrique. Kimberley même était malsain dans les premiers temps, et Salisbury, qui passe aujourd'hui pour la ville la plus salubre de la Rhodésie, avait autrefois une très fâcheuse réputation. On rencontre à Bulawayo beaucoup d'enfants dont les joues roses attestent l'excellence du climat. La malaria ne règne que dans les parties basses de la Rhodésie. Dans les mois d'été le climat devient tropical ; mais l'hiver, qui dure de juin à octobre, est sec et aussi agréable que nos étés d'Europe. D'ailleurs les habitants s'adaptent au climat en se levant de grand matin et en suspendant leurs occupations aux heures chaudes du jour, coutume à peu près générale dans toute l'Afrique du Sud.

Les jésuites français établis à Bulawayo ne tarissent pas d'éloges sur le climat. L'un d'eux, le Père Nicot, qui compte trente ans d'Afrique, est une preuve de la possibilité pour l'Européen de s'y acclimater en vivant comme il faut vivre en Afrique, de la façon sage et sobre dont vivent les missionnaires. Il y a huit Pères à la mission. Ils sont autorisés par le gouvernement anglais à tenir une école publique à laquelle ils admettent toutes les confessions, même les juifs — et Dieu sait combien ils sont dans les pays où l'or sort de terre ! — Les Pères s'abstiennent de faire des prosélytes. Ils n'ont d'autre but que d'enseigner, ils ne cherchent pas à convertir. L'élément catholique est de 400 sur 4.000 que constitue la population blanche. Ils ont une superbe église gothi-

que, qui est sans contredit le plus bel édifice de
Bulawayo. Quel plaisir de causer avec des religieux
français en Afrique ! Cecil Rhodes, fils d'un pasteur
protestant, les aimait beaucoup et avait en grande
admiration le génial fondateur de leur ordre, Saint
Ignace de Loyola.

Il y a peu de colonies qui aient été aussi diversement appréciées que la Rhodésie. Suivant les uns
c'est un paradis où les chemins sont d'or, où coulent
le lait et le miel ; suivant d'autres, c'est une terre
de malédiction où le blanc ne peut vivre. Il faut dire,
pour être impartial, que la vérité est entre ces deux
opinions extrêmes, et que le pays n'est ni aussi bon
ni aussi mauvais. Mais il ne peut convenir qu'à des
hommes énergiques, persévérants, sobres, et capables de supporter privations et déceptions.

CHAPITRE V

Le Tombeau de Cécil Rhodes.

Bulawayo n'est qu'à quelques milles des fameux
monts Matopo, dont le nom semble apparenté avec
celui du non moins fameux royaume de Monomotapa
qui florissait au moyen-âge et avec lequel les Portugais eurent des relations suivies. C'est dans ces
monts Matopo que les Matabélés avaient organisé en
1896 la résistance contre les blancs. C'est là que Cecil
Rhodes, avec un courage calme et une parfaite tranquillité, osa aller sans arme, avec un ami, n'ayant
pour autres compagnons qu'un interprète et un jour-
naliste, afin de conférer avec ses farouches et sauvages ennemis. Zoulous d'origine, les Matabélés
étaient l'une des peuplades les plus guerrières de
l'Afrique, mais ils étaient, tout comme les Zoulous,
bien plus redoutables avec leurs sagaies qu'avec leurs
fusils dont ils tiraient en tenant la crosse sous l'ais-
selle. On sait quel fut le résultat de cette conférence.
Les Matabélés, subjugués par l'étrange fascination

qu'exerçait Rhodes sur les noirs comme sur les blancs, s'arrêtèrent sur le sentier de la guerre et conclurent la paix avec l'envahisseur.

Rhodes a voulu que ces monts Matopo où il remporta une si belle victoire sans verser une goutte de sang devinssent son tombeau. Depuis 1902 il dort son dernier sommeil à l'endroit même où se passa la conférence. Peut-être a-t-il voulu reposer au cœur des Matopo dans le but de frapper même après sa mort l'imagination des Matabélés qui firent de cette forteresse naturelle le théâtre de leur résistance suprême.

Il faut donc voir les Matopo.

Il faut avoir vu les Matopo.

Vous irez voir les Matopo.

Telles sont les paroles obsédantes qui sonnent à vos oreilles dès votre arrivée à Bulawayo.

Donc nous sommes allé voir les Matopo. L'excursion n'est ni longue ni difficile. On loue une auto avec d'autres amateurs, et l'on part du Grand Hôtel. J'ai pour compagnons un avocat de Londres et deux miss entre deux âges. Nous traversons la ville aux maisons éparses, puis le joli faubourg de Hillside aux délicieux cottages, et nous voici bientôt dans cette partie du veld rhodésien où ne se plaisent guère que les cactus-cierges, cet arbre du désert. La route est tout simplement horrible, coupée de bosses et de fosses, une de ces routes africaines sur lesquelles on bondit comme un pois sur un tambour. Le chauffeur

La forêt des pluies.

Dans les Matopos.

veut bien nous annoncer d'avance les obstacles pour
que nous puissions à temps nous arc-bouter. Ce
plaisir-là vaut bien celui de parcourir les Matopo·
dans l'antique char à bœufs, comme se plaisait à le
faire Cecil Rhodes.

Bientôt nous entrons dans les Matopo. Et l'on est
du coup dans une autre contrée. C'est un changement
à vue qui se fait presque avec la même soudaineté
que dans les féeries. En moins de temps qu'il ne faut
pour le dire, on voit surgir de tous côtés toute une
fantasmagorie de formations granitiques aux aspects
les plus bizarres, se drapant dans une végétation tropicale qui ajoute à l'imprévu du tableau. C'est, à
perte de vue, une succession de Kopjes de toutes
grandeurs et de toutes formes, depuis la taupinière
jusqu'à la montagne, mais invariablement couronnés
de ces gigantesques cailloux roulés qui affectent les
formes les plus invraisemblables, et depuis des milliers d'années menacent éternellement de s'écrouler
sur le passant. Leur teinte grisâtre contraste avec
le vert des palmiers et des cactus. Les formations
fantastiques des Matopo m'ont vaguement rappelé
le fameux Montserrat, cette merveille des monts ·
catalans : on y voit, tout comme là, de monstrueuses
figures d'animaux apocalyptiques ; mais ce qui y
domine, ce sont les formes géométriques, cubes,
sphères, parallélipipèdes ou cylindres surmontés souvent d'une pierre ronde tombée on ne sait d'où et
tenant en équilibre on ne sait comment.

5

La route où nous courons à toute vitesse fut suivie lentement par le cortège funèbre qui accompagna Rhodes à sa dernière demeure. On nous montre à mi-chemin le lieu où le corps dut passer la nuit, car la distance était trop longue pour faire en un jour le trajet de Bulawayo à la sépulture.

En cet endroit le chauffeur de l'auto perd son chapeau emporté par le vent. Il arrête instantanément la machine, et cet arrêt brusque provoque la rupture de l'essieu de derrière. Et nous voilà en panne au cœur des Matopo. Allons-nous devoir camper ici ? Une panne en Afrique, c'est toujours sérieux. Heureusement, une autre auto partie une heure après nous, nous rejoint bientôt et nous donne l'hospitalité. Avec les nouveaux venus nous ne sommes pas moins de huit voyageurs, là où il n'y a rigoureusement place que pour quatre. Mais qui n'a remarqué que dans les cas de nécessité le corps humain est doué d'une élasticité incompréhensible ?

Nous poursuivons notre route, et nous dépassons l'hôtel destiné aux amateurs de villégiature dans les Matopo. Cet hôtel est située au milieu d'un adorable parc récemment créé. C'est là que nous prendrons au retour le thé que n'oublie jamais l'Anglais. Puis nous traversons d'immenses pépinières où dominent les eucalyptus et toutes les espèces de conifères. Ces pépinières ont été établies en exécution du vœu formulé par Cecil Rhodes dans son testament, qu'on créât sur son domaine privé des Matopo un parc public destiné aux habitants de Bulawayo.

L'auto nous dépose au pied d'un Kopje plus **grand** que tous les autres. En une demi-heure nous le gravissons à pied. En marchant sur le rocher, on s'étonne de l'entrendre sonner creux. Nous montons, et un poteau nous apprend que là commence la terre consacrée, *consecrated ground*. Et en effet, voici que bientôt nous atteignons le plateau terminal, jonché d'énormes blocs informes qui semblent tombés du ciel et ne paraissent tenir en équilibre que par miracle, car on voit l'air et la lumière circuler au-dessous.

Au centre du plateau, à l'ombre des blocs géants, une simple dalle de granit porte cette épitaphe en langue anglaise :

ICI REPOSENT

LES RESTES DE CECIL JOHN RHODES

Voilà une épitaphe dont le laconisme n'est pas d'une extraordinaire modestie. Remplacez le nom du défunt par celui d'un Napoléon, d'un César ou d'un Alexandre, et elle vous paraîtra bien appropriée. Cette réflexion ne viendrait évidemment pas à l'esprit si l'épitaphe avait jailli spontanément du cœur de ceux qui la gravèrent. Mais quand on sait qu'elle fut imposée par le testament du défunt, on reste un peu rêveur. Un nom, rien qu'un nom, et c'est assez.

On a malgré soi l'impression que Rhodes a pris

soin de sa gloire posthume. Il fait l'effet d'un homme préoccupé d'étonner alors encore qu'il ne le saura plus. Ah ! le pauvre ! Ne pouvant se détacher de soi-même après sa mort, il a eu la triste vanité d'un Chateaubriand. Il a voulu se camper devant la postérité. Il a pris dans son tombeau une dernière pose. Il ne s'est pas contenté d'un rocher pour sépulture, il a donné à ce rocher ce nom énorme :

« *World's View* »
(Le Belvédère du Monde)

Et l'on éprouve en effet, du haut de cette cime, un sentiment écrasant de solitude, de grandeur et d'étendue illimité. Mais à ce sentiment se mêle je ne sais quelle intense mélancolie. Certes, c'est un tombeau grandiose que cette dalle de granit perdue dans les Matopo, mais combien froid, combien vide d'espérance, combien suggestif du néant des choses terrestres ! Si Rhodes, qui ne fait sur son épitaphe aucune allusion à l'au-delà, a cherché à s'assurer l'immortalité parmi les hommes, sa sépulture n'est pas plus durable ni plus inviolable que celle des Pharaons.

On ne peut se défendre de ces réflexions dans le religieux silence qui pèse sur cette dalle funèbre. Pas un bruit d'aile, pas un vol d'oiseau ou d'insecte. Rien que le murmure du vent. Et pour que l'absence de vie soit totale, aucune végétation ne s'accroche à la roche nue et froide. Pas un arbrisseau, pas un brin d'herbe, pas une mousse, à peine de minces plaques de lichen.

Du haut de ce Belvédère du Monde, l'œil embrasse un horizon d'une inoubliable austérité. A perte de vue, c'est une houle immense de vagues qui semblent avoir été figées au plus fort de l'ouragan. A perte de vue se succèdent de sinistres montagnes dont les cimes les plus éloignées prennent des teintes violacées. Elles n'ont pas, dans leurs lignes, la beauté alpestre de nos montagnes d'Europe. Leurs contours nets, leurs arêtes dures se découpent jusqu'aux dernières limites de l'horizon sur un ciel d'un bleu implacable et dans une atmosphère d'une pureté extraordinaire.

Les Matopo sont impressionnants mais ne charment point. Et l'on s'étonne que Rhodes se soit épris de ces montagnes nues et de ces arides vallées où ne pousse que le triste cactus-cierge.

A quelques pas de la dalle funèbre qui recouvre les restes de Cecil Rhodes s'érige un troublant monument à la mémoire du major Wilson et des héros qui tombèrent avec lui en 1893 sur les bords de la rivière Shangani où ils tentèrent de capturer Lo-Bengula. Surpris dans un guet-apent, ils déployèrent devant l'inévitable mort un sang-froid et une bravoure qui remplirent d'admiration les Matabélés eux-mêmes. C'est par de tels faits d'armes que s'est fondé et consolidé l'empire britannique. Suivant le vœu de Cecil Rhodes, les restes de ces héros ont été transférés à côté des siens sur ce mont funèbre des Matopo. Le mémorial porte cette simple inscription : « *To Brave Men* ». Et l'épitaphe est suivie des noms de tous les braves. Une vieille miss nous dit avec détachement qu'elle a dansé au bal avec deux de ces héros dont elle nous montre les noms. La mort de ces braves éclaicit tragiquement les rangs des premiers pionniers. La plupart des survivants ne firent point fortune en Rhodésie. Le dur métier des armes ne les avait pas préparés à d'autres tâches. Ils subirent le sort proverbial de la pierre qui roule.

CHAPITRE VI

Le Fondateur de la Rhodésie.

Je n'ai jamais mieux compris cet homme assez énigmatique que fut Cecil Rhodes qu'en méditant sur le rocher où il dort son éternel sommeil, au cœur de cette Rhodésie à laquelle il a donné son nom, plus heureux que Christophe Colomb qui se vit évincé par l'aventurier Améric Vespuce. « On peut tout me prendre, se plaisait-il à dire, ma fortune, mes titres, ma réputation, mais la Rhodésie restera. »

Le Belvédère du Monde est l'aboutissement d'une étonnante carrière. Cet homme qui joua un rôle si considérable dans l'histoire coloniale de l'Angleterre dort maintenant dans le panthéon des Matopo. Puisqu'il appartient à l'histoire, il est permis, avec le recul de l'histoire, de juger aujourd'hui celui dont la mort eut un retentissement qui se propagea dans le monde entier.

C'est que peu de contemporains ont eu une aussi universelle renommée. Cette renommée, que la tragédie sud-africaine n'a pas peu contribué à mettre en relief, frappa d'autant plus l'imagination populaire qu'elle fut rapide, et, pour ainsi dire, soudaine, et que rien ne pouvait la faire prévoir au début d'une carrière qui semblait devoir être celle d'un humble et obscur colon.

Né en 1853, à Bishop's Stortford, en Angleterre, fils d'un pauvre clergyman de village qui eut un grand nombre d'enfants, Cecil Rhodes était, dans son jeune âge, d'une constitution débile ; à quinze ans, il était condamné comme poitrinaire, et, pour prolonger ses jours, son médecin l'envoyait sur un voilier par delà les mers. Il débarqua au Natal avec sa valise et une maigre somme d'argent, et il se fit planteur. Mais à peine commençait-il à s'initier aux affaires du coton et de la canne à sucre, qu'en 1870 il apprend la découverte de gisements de diamant à Kimberley ; c'est l'événement qui doit décider de sa destinée. A dix-sept ans, il abandonne sa plantation, entreprend un long et pénible voyage dans un chariot à bœufs, arrive un des premiers dans le district diamantifère, fait rapidement fortune et retrouve la santé sur les hauts plateaux de l'Afrique.

Mais la santé et la fortune ne sauraient suffire aux hommes d'une organisation supérieure. Il sent que quelque chose lui manque pour être un homme complet, la science. Pour la conquérir, il se fait inscrire à l'université d'Oxford, il suit les cours de droit pendant la moitié de l'année et passe l'autre moitié aux champs de diamant de Kimberley, partageant ainsi son existence entre la vie d'étudiant en Europe et la vie de mineur en Afrique. C'est à cette époque qu'il rencontre un jour dans les rues de Londres le médecin qui l'avait condamné dans sa jeunesse, et qui le croyait depuis longtemps mort d'une tuberculose incurable.

« Vous, le même Rhodes, sir ! Impossible. Il y a dix ans que vous devriez être enterré, si j'en crois la mention inscrite dans mon carnet ! »

Le mot impossible n'existait pas pour un homme de la trempe de Cecil Rhodes. Ce qui est absolument inoubliable, c'est l'irrésistible gravité comique avec laquelle il savait raconter cette anecdote aux convives qu'il recevait à sa table, en contrefaisant la stupéfaction de son digne médecin.

Au bout d'une dizaine d'années, vers l'âge de vingt-cinq ans, il est mûr pour paraître sur la scène politique. Il est élu député au parlement de Cape-Town. A vingt-huit ans, il entre dans le ministère Scanlen avec le portefeuille de trésorier-général, ou ministre des finances de la colonie.

C'est alors que le général Gordon, le héros de Kharthoum, le rencontre au Cap, et, devinant en lui un homme peu ordinaire, veut l'emmener faire la campagne d'Egypte. Rhodes refuse, et échappe ainsi au poignard des mahdistes après avoir échappé à la phtisie.

Il conquiert, en 1890, le portefeuille de premier

ministre. D'une activité qu'on a peine à comprendre, il est tout à la fois homme d'Etat et homme d'affaires. Il mène en même temps la politique coloniale et les plus colossales entreprises financières. Il fonde la *Chartered,* la puissante compagnie à charte dont l'objectif est d'occuper et d'organiser tous les territoires de l'Afrique australe ; pour mieux réaliser cet objectif, il conclut un accord avec le Portugal, qui lui laisse toute latitude de s'agrandir à sa guise jusqu'au Zambèze et au-delà vers les grands lacs. Il se voue avec prédilection à la compagnie De Beers qu'il a fondée et à laquelle il doit sa fortune ; il monopolise l'exploitation des diamants, il absorbe toutes les mines en un vaste syndicat connu sous le nom de « Colosse de Rhodes », et il conjure la crise du diamant par la limitation de la production, ingénieuse solution d'un problème qui paraissait insoluble.

A trente-six ans, cet homme arrivé au Cap pauvre, obscur, chétif, est au comble de la richesse et de la célébrité : il jouit tout à la fois d'une santé florissante et d'une fortune de cinquante millions de francs qui s'élèvera à sa mort à trois cent millions. Mais c'est un financier sans cœur et sans scrupules, qui méprise et exploite les hommes, et le révoltant système de claustration absolue auquel il soumet les noirs pour l'extraction des diamants n'est autre qu'un esclavage déguisé qui eût fait horreur au cardinal Lavigerie. Je ne reviens pas sur cet odieux système de travail monacal, tel que l'a organisé Cecil Rhodes, et que j'ai exposé lors de mon premier voyage en Afrique australe (1).

Quoiqu'il en soit des moyens à l'aide desquels il conquit sa fortune fabuleuse, Cecil Rhodes faisait peu de cas de l'argent, qui n'était pour lui qu'un moyen d'action. Jamais il ne consentit à toucher le gros traitement auquel lui donnaient droit ses fonctions ministérielles. Il contribua de sa fortune personnelle aux expéditions militaires qu'il provoqua dans le but de conquérir de nouveaux territoires à l'empire. On sait qu'il soutint largement de ses deniers la cause du *Home Rule* irlandais. D'un caractère jovial, bon et généreux, il avait la main toujours ouverte pour ses amis. Sa bourse était inépuisable, et dans les dernières années de sa vie, il en était arrivé à avoir un budget de charité de 100 livres ou 2.500 francs par jour, près d'un million par an ! Son testament atteste d'ailleurs qu'il en avait les moyens. Il devait sa fortune uniquement à la mise en valeur des provinces qu'il avait conquises et des mines qu'il dirigeait. Il n'a jamais spéculé par des coups de bourse.

L'argent était pour lui un levier, non une idole. Il ne visa à la fortune que pour conquérir le pouvoir. Et le pouvoir une fois atteint, il le fit servir à sa politique d'extension à outrance, annexant tous les pays qui s'étendent jusqu'au Zambèze, et parmi lesquels il

____

(1) *A travers l'Afrique australe, Voyage au pays des Boers,* 3e édition, Paris, 1900.

se tailla l'immense empire de la Rhodésie où les futures générations devaient venir admirer le panthéon
érigé à sa gloire au cœur des monts Matopo.

Il faut bien reconnaître que cette politique d'extension ne fut pas toujours d'une honnêteté irréprocha-
ble et qu'elle ne trouva souvent d'autre justification
que la raison du plus fort. En plus d'une circonstance,
Rhodes fit sienne la maxime de Bismark : « La force
prime le droit ». L'annexion du district diamantifère
de Kimberley, auquel l'Etat libre d'Orange avait le
droit le plus incontestable, fut insolente et cynique,
suivant les propres expressions de l'historien anglais
Froude : cet écrivain estime que cette spoliation est
le fait le plus déshonorant de l'histoire coloniale de
l'Angleterre (the most discreditable in the annals of
English colonial History) (1).

Cecil Rhodes était le roi de l'Afrique australe. Premier ministre de la colonie du Cap, on lui donnait le
titre de « Premier ». On l'appelait aussi le « roi des
diamants ». Me trouvant au Cap en 1893, je vis son
portrait partout. Il invitait l'étranger chez lui, et lui
faisait une royale réception. Il avait des écuries dignes
d'un souverain, et l'on admirait les zèbres et le
superbe cheval arabe du roi sans couronne. Son nom
avait été donné à une mine et à un diamant célèbre :
la mine s'appelait « le Premier » et le diamant « Por-

---

(1) James Anthony Froude, *Oceana or England and her Colonies*,
chap. III, p. 50, édition Tauchnitz.

ter Rhodes ». Il avait un palais somptueux où il
donnait des fêtes splendides, il avait des jardins de
rêve où il élevait des lions en liberté, où il cultivait
les fleurs les plus rares. Il n'y eut jamais roi plus
populaire. Il se faisait adorer du peuple qu'il laissait
circuler librement au milieu de toutes ces merveilles.
Il était, dans la colonie, une puissance qui éclipsait
celle du gouverneur, le Représentant de la Reine, et
qui inquiétait même le gouvernement britannique.
Dans les discours qu'il prononçait au parlement du
Cap, il traitait d'égal à égal avec la Métropole, et il
affectait vis-à-vis d'elle un ton hautain et menaçant,
par lequel il laissait clairement entendre qu'il saurait
affranchir la colonie des liens qui l'unissaient à la
mère patrie le jour où ces liens deviendraient gênants.
L'idée qu'on lui prêta de fonder à son profit une
confédération des Etats sud-africains ne germa peut-
être jamais dans sa tête, mais le gouvernement britannique devait à tout prix se concilier l'homme capable de la réaliser.

A cette époque, il y avait douze ans que les Boers
avaient infligé aux armes anglaises la sanglante
défaite de Majuba, qui mit brusquement fin à leur
première guerre d'indépendance. Majuba fut le point
de départ d'une ère nouvelle, caractérisée par la fondation de l'Afrikander Bond, dont la ville de Paarl fut
le berceau. On désignait sous ce nom une ligue hollandaise organisée en haine de l'Angleterre. Son leader
était M. Hofmeyr. Il assuma le rôle d'un nouveau

Parnell, et au nom du parti national hollandais, il lança ce fier défi : « L'Afrique aux Afrikanders ! »

Cecil Rhodes comprit tout de suite la tactique qu'il fallait adopter vis-à-vis de cette ligue qui comptait des milliers d'adhérents et dont le programme, au début, affirmait nettement la nécessité de se détacher d'un gouvernement se trouvant à deux mille lieues du Cap. Il eut la très grande habileté de transformer l'agitation séparatiste en un mouvement unioniste. Il fit des avances à M. Hofmeyr, il mit en œuvre tous ses moyens de séduction ; à cet adversaire qui s'était posé vis-à-vis de lui en dictateur il donna une place dans le gouvernement et en fit, dans le ministère Scanlen, un ministre sans portefeuille. Et comme les Hollandais revendiquaient le droit de parler leur langue au parlement, il soutint énergiquement leur revendication, et après une lutte longue et passionnée, il réussit à faire voter la loi qui accordait désormais des droits égaux aux deux langues en usage dans la colonie, au parlement comme devant les tribunaux. Il fit aux Hollandais d'autres concessions non moins importantes, travailla à rapprocher Anglais et Hollandais, à éteindre les vieilles jalousies de race, en mettant les uns et les autres sur un pied de parfaite égalité. Et il résolut ainsi, à la satisfaction de tous, la question hollandaise, aussi ancienne que la conquête du Cap, comme la question irlandaise est aussi ancienne que la conquête de l'Irlande. Ce que n'avait pu réaliser aucun des hommes qui s'étaient trouvés en face du problème de la diversité des races de l'Afrique australe, Cecil Rhodes sut le réaliser par son sens pratique : du dictateur Hofmeyr il sut faire un loyal sujet de la couronne britannique ; à la formule de la séparation de l'Empire, qu'avait adoptée au début l'Afrikander Bond, il sut faire substituer celle de l'autonomie dans l'Empire.

Dans un discours que M. Hofmeyr prononça à cette époque dans un banquet à Cape-Town, le leader hollandais déclara que l'Afrikander Bond n'avait nullement pour but de renverser le drapeau britannique dans l'Afrique du Sud et d'y substituer le drapeau républicain, et que si tel était l'objet du Bond, il n'en serait point un des chefs. L'Afrique du Sud, disait-il, n'était pas mûre pour l'indépendance, parce que Hollandais et Anglais ne comprenaient pas encore et ne parlaient pas le langage les uns des autres comme ils devaient le parler et le comprendre, et que c'était folie de rêver l'indépendance du pays avant que tous les colons puissent se comprendre ; d'ailleurs le pays ne jouissait-il pas de toutes les libertés sous la couronne britannique ? Il protestait contre les divisions nationales provenant des différences de race. Qu'importe, disait-il, la diversité de races ? Le même fait n'existe-t-il pas en Angleterre ? Ecossais, Gallois, Irlandais n'ont-ils pas d'autres origines que les Anglais ? Et pour dissiper toutes les fausses appréciations dont il était l'objet dans la presse anglaise, il caractérisait le but du Bond en disant qu'il devait poursuivre, au profit des Hollandais, la revendication des droits et des privilèges auxquels ils pouvaient prétendre en vertu des institutions représentatives de la colonie. Si c'était là être déloyal, ce n'était pas l'être plus que les Ecossais qui veulent que l'on ne discute pas sans eux les questions écossaises au sein du parlement britannique.

Un autre Afrikander, M. David De Waal, exprimait l'opinion que l'union harmonique des deux races blanches était la condition du progrès et de la paix dans l'Afrique du Sud. Le principal titre de gloire de M. Cecil Rhodes, disait-il, c'est qu'il a mieux compris cette vérité que tous les Anglais, et qu'il est parvenu à la faire admettre comme l'axiome de la politique sud-africaine.

Cette union des races n'était-elle pas d'ailleurs l'axiome de la politique de Cecil Rhodes à l'égard de l'Irlande ? Lorsqu'il remit à Parnell son fameux chèque de 250.000 francs, voulut-il autre chose que de procurer à l'Irlande une forme de *self-government* qui, sans nécessiter la rupture avec l'Empire, assurerait à l'Empire une organisation plus solide ! Et n'est-ce pas dans ce sens qu'il faut interpréter la déclaration qu'il faisait à ce sujet ? « Ce que je veux, disait-il, c'est une fédération impériale : le *Home Rule*, avec la représentation de l'Irlande au sein du parlement impérial, sera la base de cette fédération ». Il y a tant d'analogies entre la question irlandaise et la question

Une gare en Rhodésie.

Cafres dans la brousse.

hollandaise, que cette disgression était toute naturelle.

On le voit. Si un vent de discorde souffla sur la
colonie au lendemain de la première guerre du Transvaal, comme ne l'atteste que trop la fondation du
Bond, Cecil Rhodes sut étouffer l'esprit d'émancipa-
tion de l'élément hollandais par son habile politique
de concessions. Le souvenir de Majuba était alors
presque oublié dans la colonie du Cap. On voyait
partout, comme nous le constations à cette époque,
les signes d'une prochaine fusion des races. Comme
les Hollandais jouissaient enfin des droits qui leur
avaient toujours été refusés, comme ils pouvaient
formuler dans leur langue leurs revendications au
parlement, les Anglais les connaissaient mieux et
s'efforçaient de les comprendre. Il ne fallait plus
qu'une génération pour que les deux langues fussent
parlées par tous les citoyens. Les Anglais étaient élevés en hollandais, les Hollandais étaient élevés en
anglais, et les mariages étaient fréquents entre les
deux races. Bien plus : le rapprochement des races
se faisait au-delà des frontières de la colonie anglaise.
Lord Henri Loch, qui était alors gouverneur du Cap,
était populaire dans toute l'Afrique australe, et lors
d'une tournée qu'il fit au Transvaal il fut acclamé à
Prétoria et y souleva un tel enthousiasme qu'il excita,
dit-on, la jalousie de Paul Krueger, président de la
république sud-africaine.

Cecil Rhodes avait bien mérité de son pays d'adoption. Il pouvait être content de son œuvre. Il n'avait plus qu'à laisser faire le temps : au bout d'un demi-siècle, l'Angleterre aurait possédé sans conteste l'Empire de l'Afrique australe. Qu'il se fût formé ou non une confédération des Etats sud-africains dans le genre de celle qui, à l'instar de la Commonwealth australienne, a été constituée en ces dernières années et vers laquelle paraissaient tendre les évènements, on pouvait prévoir, sans être prophète, que l'élément hollandais ne résisterait point à la puissance d'absorption des Anglo-Saxons, pas plus qu'il n'y a résisté en Amérique, où le premier établissement des Hollandais, la Nouvelle-Amsterdam, est devenu la ville gigantesque de New-York, pas plus qu'il n'y a résisté dans toutes les colonies hollandaises où l'Angleterre a pris pied, à Ceylan, à l'île Maurice, au Natal, en Australie, en Nouvelle-Zélande, en Tasmanie. Appuyée sur sa puissante base du cap de Bonne-Espérance, l'Angleterre s'avançait à pas de géant vers la conquête de toute l'Afrique australe, ce splendide morceau des Indes Noires où la race blanche peut s'acclimater et faire souche.

La création de la Rhodésie, qui perpétuera le nom de Cecil Rhodes et restera son principal titre de gloire, ne fut qu'un des jalons de cette politique d'extension du roi de l'Afrique australe dont le but obstinément poursuivi fut la prise de possession de tous les territoires non occupés, afin d'empêcher les Boers de reculer leurs frontières. Ces frontières étaient gênantes, et les républiques hollandaises, même enclavées, étaient un obstacle à l'envahissement d'Albion. Pour que la conquête fut complète et définitive, il fallait arborer le drapeau britannique à Prétoria.

On se rappelle la façon inattendue dont se fit l'annexion du Transvaal en 1877. Le gouvernement de Prétoria, harcelé par les tribus indigènes de la frontière orientale du Transvaal, et ne venant pas à bout de les réduire, était tombé dans une si grande détresse que le président Burgers, le faible prédécesseur de Paul Krueger, appela les Anglais à son aide. Les Anglais s'empressèrent d'accourir, et après avoir mis en fuite les légions de Sekoekoeni, mirent non moins d'empressement à déclarer le Transvaal territoire britannique. Revenus de leur stupéfaction, les Boers proclament la république sous le triumvirat de Krueger, Pretorius et Joubert, et organisent avec une rapidité foudroyante leur première guerre d'indépendance. La campagne entière n'est qu'une succession de revers pour les Anglais et aboutit au désastre de Majuba suivi de la fameuse convention de 1881 qui rend le Transvaal aux Boers, convention signée sur le territoire anglais envahi par l'ennemi, au moment où une armée de 12.000 hommes s'apprêtait à venger l'honneur du drapeau britannique.

Lorsque l'Angleterre, après une domination éphémère, restitua à la Hollande, en 1816, l'île de Java qu'elle lui avait ravie en 1811, c'est qu'elle n'en connaissait pas la valeur. Ce fut pour le même motif qu'elle restitua le Transvaal aux Boers. Ce pays, en effet, passait alors pour un des plus pauvres territoires de l'Afrique. Si les Anglais avaient su, comme Krueger le savait dès 1856, tout en se gardant bien de le divulguer, que le Transvaal était le plus riche pays du globe, on peut douter qu'ils eussent fait la paix avec les Boers. Et comme les Boers n'étaient pas armés et organisés alors comme ils le furent à dater du jour où ils furent avertis, on peut croire que l'Angleterre aurait sans trop de peine pris la revanche de Majuba à l'aide des régiments que Gladstone rappela au moment où ils venaient de débarquer.

Mais le pays pastoral dédaigné par Gladstone en 1881 se révéla dix ans après comme un merveilleux Eldorado. A la suite de la découverte du **banket** aurifère par un aventurier, les Anglais reprennent la route du Transvaal non plus armés de fusils, mais de la pioche du mineur. Ils y affluent en masse, ils y fondent Johannesburg, une ville anglaise en pays hollandais, et cette ville devient, en quelques mois, la plus grande de l'Afrique du Sud. Et les Boers, devant cette nouvelle invasion, plus menaçante que celle des régiments, se demandent avec inquiétude si le Transvaal ne comptera pas bientôt plus d'Anglais que les colonies anglaises au milieu desquelles le Transvaal est enclavé. Quand ils triomphaient avec tant de vaillance des fusils et des baïonnettes de Majuba, ils ne prévoyaient pas les pics des mineurs. Du jour où leur territoire, qu'on avait cru n'être qu'un pays de pâturages, se révèle comme un Pactole, les Anglais s'ingénient à leur forger une chaîne d'or dont chaque anneau remet en question leur indépendance solennellement reconnue par la convention de 1881.

Lorsque je visitai successivement Prétoria et Johannesburg en 1893, je fus vivement frappé du contraste de ces deux villes voisines, qu'une heure de chemin de fer sépare l'une de l'autre. Prétoria, avec ses dix mille âmes, me faisait l'effet d'un désert ; sa maigre population ne la remplissait point ; les passants étaient si rares qu'on ne trouvait personne à qui demander son chemin lorsqu'on s'égarait la nuit dans les rues qui n'étaient point pavées et que les pluies transformaient en fleuves de boue. A côté de cette paisible capitale, Johannesburg, dont la naissance ne remontait pas à plus de cinq ans, et qui comptait déjà cinquante mille âmes, me causa un indicible étonnement, avec sa circulation vertigineuse, sa population affairée et enfiévrée qui me rappelait le Broadway de New-York ou la State-Street de Chicago. Ce qui me frappa plus vivement encore, c'est l'influence qu'exerçait le dangereux voisinage de Johannesburg, cette ville anglaise inopinément surgie en plein pays des Boers, sur Prétoria, capitale du Transvaal et résidence du président Krueger. A Prétoria, je n'ai entendu parler la langue hollandaise nulle part qu'au Volksraad et chez le président Krueger. Dans cette capitale qui était le siège du gouvernement, la langue des Boers était la langue officielle,

mais n'était plus la langue courante. A l'hôtel, au club,
à la poste, dans les magasins, dans les banques, chez
les libraires, partout je fus frappé de ce phénomène
inquiétant : à Prétoria, la langue anglaise s'était subs-
tituée, comme langue commune, à la langue hollandaise. En sorte que la capitale du Transvaal, subissant
les effets du voisinage de Johannesburg, n'avait gardé
de sa vieille physionomie hollandaise que son président et son parlement. Certes, la ville était assise sur
des fondations hollandaises, mais il était visible que
le pays s'infiltrait rapidement de l'afflux anglo-saxon,
comme les eaux de la mer jaunissent au contact d'un
fleuve, et que le jour n'était pas bien éloigné où s'opè-
rerait l'absorption de l'élément pastoral par l'élément
industriel.

Ce jour-là, Cecil Rhodes n'a pas su l'attendre.

Lorsque je vis pour la première fois à Cape-Town
celui qu'on surnommait déjà alors le « Napoléon du
Cap », il n'avait encore que quarante ans. Il avait, en
dix ans, accompli une œuvre si étonnante qu'on se
demandait où il s'arrêterait dans son ascension. Il
avait la passion du grand. Son ambition ne se bornait
pas, comme celle de ses prédécesseurs, à gouverner une
colonie, il voulait réaliser une vaste conception impérialiste, conquérir et organiser les immenses territoires qui s'étendent du Cap au bassin du Zambèze, et
relier entre elles toutes les « sphères d'influence » du
Delta du Nil au Cap.

Ce rêve, je le retrouve dans un curieux document

que j'ai conservé : une carte de l'Afrique sur laquelle,
il y a pas mal d'années, là-bas, au Cap de Bonne-Espérance, il me traçait au crayon, de sa nerveuse griffe
de lion, de gros traits s'accentuant ou s'affaiblissant
suivant l'énergie avec laquelle il élevait ses revendications. Par l'empire de l'Afrique, il voulait préparer
à l'Angleterre une réserve ou une compensation si un
jour l'empire des Indes venait à lui échapper ; il voulait surtout la rendre maîtresse de la grande voie
transcontinentale qui assurera, à la nation qui la pos-
sèdera, la prédominance commerciale et coloniale d'un
bout à l'autre de l'Afrique. Cette géniale conception,
il l'avait en partie réalisée en dix ans. En ce court
laps de temps, il avait tellement modifié la carte de
l'Afrique australe, que le chemin qu'il avait parcouru
pouvait faire prévoir celui qu'il parcourrait.

Mais ce que l'on ne pouvait prévoir chez l'homme
d'Etat qui avait jusqu'alors montré tant de sens pratique, chez le ministre qui avait réussi à endiguer le
torrent de l'Afrikander Bond, chez le manieur d'hommes qui avait fait du dictateur Hofmeyr un loyal
sujet, chez l'habile politique qui avait si bien réussi
à rapprocher et fusionner les races et à faire oublier
Majuba, ce que l'on ne pouvait prévoir, c'est que cet
homme, défaisant ce qu'il avait fait et se trahissant
lui-même, irait se briser contre la conscience universelle en ordonnant le raid Jameson. Ainsi donc, le
Machiavel qui avait conquis le pouvoir en s'appuyant
sur les Afrikanders, n'hésitait pas à trahir ceux qui

lui avaient sincèrement et loyalement apporté leur concours ! A l'heure même où il affectait de s'entendre avec les Afrikanders, en vue d'amener la fusion des races blanches, il conspirait secrètement avec les **jingoïstes,** avec les mortels ennemis des Afrikanders ! Et le perfide sut dissimuler pendant plusieurs années les secrètes menées qui devaient aboutir au guet-apens que l'on sait !

Ce fut la faute qui fit du colosse de Rhodes un colosse aux pieds d'argile. Faute inouïe, erreur prodigieuse, véritable acte de démence que peut seul expliquer le vertige des grandeurs. Ce coup de traître et de fourbe faisait tomber au rang d'un vulgaire intrigant celui dont Gordon admirait l'extraordinaire volonté, et que lord Randolf Churchill proclamait l'homme d'Etat colonial le plus puissant de ce temps-ci et de tous les temps. Si ce fut un acte abominable et immoral, tel que ne pouvait le concevoir qu'un homme sans cœur et sans scrupule, ce fut surtout une erreur devant laquelle on reste confondu. Comment l'homme d'Etat et l'homme d'affaires dont toutes les entreprises avaient réussi, n'avait-il pas calculé que l'équipée de Jameson ne pouvait pas réussir, comment n'avait-il pas envisagé l'importance de l'obstacle qu'il s'agissait de renverser, comment n'avait-il pas prévu la résistance qu'il devait rencontrer chez les sublimes héros de Majuba, comment avait-il pu croire qu'il suffisait, pour les vaincre, d'envoyer contre eux une poignée de bandits ? Pour manquer à ce point de clairvoyance, il fallait être aveuglé par la folie d'une ambition sans bornes.

Si le crime fut irrémissible, l'erreur fut irréparable: elle réveilla les haines de race presque éteintes, elle déchaîna cette malheureuse guerre du Transvaal qui, sans cela, eût été évitée. « Cette guerre pouvait et devait être évitée », m'écrivait un jour un vieil homme d'Etat, James Bryce, un des hommes les plus vénérés de l'Angleterre, ancien ministre de la reine Victoria, connaissant mieux que personne les affaires de l'Afrique du Sud qu'il a étudiées sur place, et sur lesquelles il a écrit un livre qui fait autorité.

En vain essayerait-on de dégager la responsabilité de Cecil Rhodes dans cette guerre aussi atroce qu'inutile. Krueger ne s'y trompait pas, lorsqu'il comparait l'auteur responsable de la tragédie à la tortue dont il faut couper la tête au moment où elle sort de sa carapace. Le général Baden-Powel ne s'y trompait pas, non plus — on est quelquefois trahi par ses propres amis — lorsque, le 24 mai 1900, après la délivrance de Mafeking, il déclarait dans un discours officiel que la guerre s'était faite à l'instigation de Cecil Rhodes, qui joua vis-à-vis du vieux taureau Krueger le rôle du toréador excitant la bête au combat. C'était une allusion directe aux fausses pétitions, à la corruption de la presse par l'or du puissant financier, à toutes ces menées déloyales et ténébreuses qui obscurcirent la fin d'une carrière glorieuse.

Cecil Rhodes a subi le cruel châtiment de survivre

au rêve évanoui. S'il était mort avant sa faute, il eût laissé une œuvre assez glorieuse pour passer pour un grand homme aux yeux de la postérité. Mais la faute est là, indélébile, obsédante, la faute pour laquelle il fut traduit devant la justice de son pays. Il fut absous, mais l'Angleterre n'osa jamais l'anoblir, pas même lui conférer le titre de baronnet, et un jour que le prince de Galles, qui devait devenir Edouard VII, s'avisa de le proposer comme membre du très aristocratique *Travellers's Club*, cette proposition, en dépit de la qualité du parrain, aboutit à l'éclatant échec du candidat.

La postérité sera sévère pour Cecil Rhodes, parce qu'elle lui endossera le poids d'une guerre dont les effets néfastes se répercutèrent dans le monde entier. Elle tiendra peu de compte de l'œuvre du financier, du Roi des Diamants ; elle ne verra que les erreurs et les faiblesses de l'homme d'Etat.

La comparaison entre Napoléon et Cecil Rhodes, trop souvent faite, est choquante. Les deux hommes n'ont de commun que leur insatiable ambition, leur indomptable volonté, leur absolu mépris des hommes, et puis encore ce défaut qui les perdit de ne savoir point contenir leur ambition par la patience et de vouloir devancer les événements ; mais c'est manquer d'égards à la mémoire de Napoléon que de l'assimiler à un homme d'un génie aussi incomplet. Comment comparer l'éclat fulgurant de l'épopée impériale à l'astre qui brilla sous le ciel austral !

Le génie du grand Napoléon a modifié la carte de
l'Europe ; Cecil Rhodes n'a modifié que la carte de
l'Afrique australe. L'un fut un illustre capitaine, l'autre un illustre aventurier. Parce qu'il s'enferma dans
Kimberley assiégé par les Boers, parce qu'il osa se
présenter sans escorte chez le chef des Matabélés, on
en a fait un héros. D'autres en ont fait un flibustier,
à cause du raid Jameson. Il ne fut ni héros, ni flibustier, il n'eut que le beau semblant de l'un et de l'autre.
Ce qu'il faut lui reconnaître, c'est le génie de l'organisation. En politique comme en finances, il eut des conceptions grandioses et des idées originales. Ce fut une
figure peu ordinaire, mais il est douteux que l'histoire
l'admette au panthéon des grands hommes. Le mal
qu'il fit en corrompant les consciences dépasse trop la
somme de bien pour que le jugement de la postérité
lui soit favorable. De cette carrière il ne restera que
le souvenir d'une ambition démesurée qui ne put
s'assouvir.

Il mourut à quarante-huit ans, dans la force de
l'âge. Et qui sait si cette fin précoce n'est pas due
quelque peu aux déceptions amères que dut lui causer
l'écroulement de ses projets .!

Il y a quelques années, à l'époque où il publia un
de ses meilleurs romans, « Le Maître de la Mer », dont
l'un des héros n'est autre que Cecil Rhodes, l'illustre
écrivain Melchior de Vogüe, m'écrivait, à propos de
son livre, que des personnes autorisées croyaient que
la mort de Rhodes avait été avancée par les ennuis

que lui causèrent ses démêlés fameux avec la Princesse R... Il faut rapprocher cette supposition de ce passage du *Maître de la Mer* : « Si Rhodes n'a pas achevé ses grands desseins, c'est qu'il eut le malheur de faiblir devant la femme. Il est mort prématurément, victime d s artifices de la femme ». On se rappelle que la princesse polonaise qui sut séduire l'homme qu'aucune femme n'avait pu séduire, provoqua autour de Rhodes un grand scandale par des divulgations qui sont d'ailleurs peu dignes de foi, venant d'une telle source.

Ce fils d'un pasteur de village, qui poursuivait l'extermination d'un peuple remarquablement moral et religieux, était, en dépit de son origine, un parfait voltairien. Lorsqu'on lui demandait s'il croyait en Dieu, il répondait, dans son argot de financier, qu'il y avait cinquante pour cent de chances pour qu'il existât, cinquante pour cent pour qu'il n'existât point. Ce scepticisme n'explique que trop le manque de scrupules par lequel il ressemble à la plupart des hommes qui ont fondé des empires ou simplement poursuivi une politique impérialiste. L'impérialisme, chez les Anglais, est voisin du jingoïsme, qui n'est pas un parti politique. Le jingoïsme ne songe qu'à s'enrichir aux dépens d'autrui, sans aucune idée élevée de religion et de morale. Cecil Rhodes était un peu jingoïste. Son scepticisme ne l'empêchait pas d'avoir les jésuites en haute estime et d'être pénétré d'une grande admiration pour le catholicisme, qu'il trouvait la seule religion logique du monde. « Si j'en avais seulement le temps, disait-il, je voudrais devenir jésuite ». De telles paroles sorties d'une telle bouche font un pénible contraste avec le néant de sa dalle funèbre.

La dernière fois que je le vis, ce fut lors du voyage qu'il fit dans le but d'intéresser l'Europe à son projet de chemin de fer du Caire au Cap. Le roi de l'Afrique australe fut reçu par Guillaume II et par tous les souverains qui s'intéressaient aux entreprises coloniales. C'était au mois de février 1899, huit mois avant la guerre qui allait faire pâlir son étoile. Ce fut donc à une table royale que je le retrouvai quelques années après l'avoir vu dans son féerique palais du Cap. Mon voisin l'observa de ce coup d'œil perspicace et infaillible des grands praticiens et me dit : « Cet homme n'a plus guère que trois ans à vivre, il a les symptômes d'un cardiaque ». Trois ans après, n'ayant pas atteint l'âge de cinquante ans, Cecil Rhodes mourut dans son cottage de Muizenberg du mal qu'avait deviné en lui mon savant ami, meilleur prophète que le brave médecin anglais qui s'était un peu trop pressé de condamner son client alors qu'il n'avait que quinze ans.

C'est dans cette dernière entrevue que Cecil Rhodes me parla, avec sa franchise et sa brusquerie habituelle, d'un rival dont la gloire le troublait et l'offusquait, du commandant Marchand, le héros de Fachoda, qui était alors au premier plan des préoccupations de l'Angleterre. Marchand et Cecil Rhodes ! Quel contraste entre ces deux hommes ! Quelle sympathie éveille l'un, quelle défiance l'autre ! Et combien plus pure la gloire du premier, qui devait conquérir sur un champ de bataille le grade de général !

Aux funérailles de Cecil Rhodes assista son ami Jameson, son successeur. Et derrière le cercueil porté sur l'affût du « Long Cecil », le canon du siège de Kimberley, marchait le plus grand homme de guerre du Royaume-Uni, le vieux lord Wolseley, le même général qui, en 1877, annexa le Transvaal à la couronne britannique et adressa aux Boers une proclamation qui passa inaperçue en Europe, tant ce petit peuple brusquement sorti de l'oubli était alors ignoré : il voulait bien leur annoncer que le Transvaal resterait sous la souveraineté de l'Angleterre tant que le soleil brillerait et que les rivières couleraient vers la mer. C'est sans doute depuis cette prédiction que germa dans l'âme de Paul Krueger l'idée de ce duel épique entre une poignée de paysans et la toute puissante Angleterre. Le grand vieillard fut meilleur prophète, lui, lorsqu'il prédit, au début de la lutte, que le patriotisme des Boers étonnerait le monde. La puissance de l'or, que Cecil Rhodes croyait être un infaillible moyen d'action, échoua auprès de ce peuple simple devant la puissance de l'idéal. Krueger dominera Rhodes dans la postérité, parce qu'il aura symbolisé un principe pur, parce qu'il n'aura opposé que des armes loyales et chevaleresques aux armes proscrites par la morale.

Faut-il dire des morts tout ce qu'on pense ou observer un respectueux silence devant la tombe ! Le poète latin qui estimait qu'il ne fallait dire des morts que du bien, ne réclamait évidemment cette charité indulgente que pour les particuliers, les êtres obscurs de leur vivant, les morts anonymes, et non pour les hommes publics, dont la vie nous appartient à tous. Ceux-là ne meurent pas, ils sont immortels. Ce n'est pas seulement un droit, c'est un devoir de les juger selon leurs mérites. C'est ce qu'a dû penser Olive Schreiner en imaginant comment le grand homme a dû être accueilli dans l'autre monde auquel il ne croyait guère de son vivant.

Et il advint que Cecil Rhodes mourut et que le diable le réclama comme sien et le conduisit chez lui. Mais lorsqu'ils arrivèrent devant le Pandemonium, ils constatèrent que la porte en était trop étroite, parce que Rhodes était trop grand pour y passer. Et ce fut toute une affaire. On tâcha de trouver quelque autre entrée par où Cecil Rhodes pût être introduit. Mais les fenêtres aussi étaient trop petites et l'on s'évertuait en vain à chercher une solution. Alors le Bon Dieu, troublé par ce remue-ménage, manda devant son trône tous ceux qui y participaient, et demanda : « Quelle est donc la cause de tout ce tapage ? » Et le diable répondit : « Il s'agit de Cecil Rhodes. — Mais, dit le Bon Dieu, Cecil Rhodes vous appartient. Que ne l'admettez-vous chez vous, tout simplement ? —

Hélas ! soupira le diable, je voudrais bien, mais il est trop grand. Il ne peut passer ni par les portes ni par les fenêtres. — Hum ! fit le Bon Dieu, je suppose alors que Cecil Rhodes doit entrer ici. » Et voilà comment Cecil Rhodes fut admis au ciel. C'était un trop grand pécheur pour l'enfer.

CHAPITRE VII

La Conquête de la Rhodésie.

J'ai lu, à la bibliothèque du club de Bulawayo, quelques pages des annales de la conquête de la Rhodésie. Cette conquête est le trait dominant de la carrière coloniale de Cecil Rhodes. Je ne résiste pas à la tentation de rapporter un épisode qui peint l'homme mieux que tous les portraits qu'on a de lui.

Jameson, le lieutenant de Rhodes, se trouvait en 1893 à Victoria, une des premières villes fondées en Rhodésie. Les *impis* Matabélés menaçaient la ville et tuaient les Mashona qui travaillaient pour le compte des colons. Vainement Jameson leur ordonna de s'éloigner. Les colons se plaignaient et menaçaient de quitter le pays si les maraudeurs n'étaient promptement mis à la raison. Jameson envoya à ceux-ci un émissaire, avec ordre de les chasser s'ils ne voulaient s'en aller de bon gré. Accueilli à coups de feu, l'émissaire dut les charger. D'autres *impis* accoururent qui entourèrent la ville. Dans cette extrémité, Jameson télégraphia à Rhodes, qui se trouvait au Cap, lui fit part de la situation, et lui exposa l'absolue nécessité de prendre l'offensive et de frapper sans retard un grand coup à Bulawayo. Rhodes répond laconiquement : « Lisez Luc, quatorze trente-et-un ».

Jameson n'avait pas la moindre idée de ce que signifiait l'énigme qui lui était proposée. Il se fait apporter une Bible et lit au passage indiqué : « Ou quel roi, s'il va faire la guerre à un autre roi, ne s'assied d'abord pour délibérer s'il peut, avec dix mille hommes, faire face à un ennemi qui vient l'attaquer avec vingt mille ? » Jameson ne doit pas s'asseoir longtemps pour délibérer sur ce que veut dire Rhodes. Les Matabélés ont une armée de plusieurs milliers d'hommes. Il n'a, lui, que neuf cents colons en état de porter les armes. Peut-il risquer l'aventure ? Il se prononce sans hésitation pour l'affirmative et télégraphie aussitôt : « All rigth. J'ai lu Luc, quatorze trente-et-un ». Cinq mots de Rhodes et huit mots de Jameson déclanchent la première guerre contre les Matabélés. Rhodes est un homme d'action, et en homme d'action bien avisé, il laisse la décision à l'homme qui, se trouvant sur place, est le mieux à même de la prendre.

Avec ses neuf cents volontaires répartis en trois colonnes, Jameson s'avance vers Bulawayo. Le premier engagement a lieu au passage de la rivière Shangani, où l'ennemi est repoussé. Mais le combat décisif a lieu sur l'Imbebesi, où sept mille des meilleurs guerriers de Lobengula sont mis en déroute. Les Matabélés attaquent le laager avec la méthode primitive des Zoulous dont les mitrailleuses et les fusils ont facilement raison. Trois jours après, Bulawayo, la capitale des Matabélés, est prise, et Lobengula en fuite est poursuivi de près par le major Forbes.

Cette poursuite est un des plus beaux faits d'armes dans l'histoire des guerres coloniales. Le major Wilson, avec dix-huit hommes que viennent grossir ensuite vingt hommes du major Borrow, vole vers le front du major Forbes, se fraye un chemin à travers l'armée du roi, et s'élance vers le wagon royal dans le but de mettre fin à la guerre par la capture de Lobengula. Pressé par le nombre, il attend le secours de Forbes, mais celui-ci ne peut venir à son aide, étant lui-même entouré par les indigènes et coupé par la rivière Shangani. Alors Wilson et ses hommes, ne voulant abandonner à leur sort leurs camarades blessés, se barricadent avec les cadavres de leurs chevaux, et ne meurent qu'après avoir épuisé leurs dernières munitions. Forbes est forcé de battre en retraite, jusqu'à ce que, accablé par les privations, il rencontre une colonne de cent hommes emmenée par Rhodes de Bulawayo. L'audace de Wilson et sa défense chevaleresque ne sont-elles pas d'une beauté antique ?

Après la soumission des Matabélés, la paix régna en Rhodésie, mais ce ne fut pas pour longtemps. Un jour un vent de révolte souffla parmi les indigènes.

Dans l'histoire coloniale de l'Afrique, la rébellion des Matabélés est un curieux épisode qui contient des leçons intéressantes sur l'art de conduire les races inférieures. La rébellion avait été préparée et organisée de longue main, sans qu'on s'en doutât. Ce qui le démontre bien, ce sont les munitions et les excellents fusils qu'ils possédaient. Les Matabélés, qui sont une branche de la belle race guerrière des Zoulous, habitués à guerroyer et à vivre de rapine, ne pouvaient se faire à la vie paisible que leur imposait la civilisation blanche. Ils n'avaient d'ailleurs jamais été désarmés ni complètement soumis. Battus dans deux engagements décisifs, ils s'étaient résignés après la chute et la mort de Lobengula ; mais ils n'acceptaient qu'à contre-cœur leur assujettissement, et ils n'aspiraient qu'à reconquérir leur pays et à chasser les blancs. Les Matabélés avaient de grands sujets d'irritation contre la police indigène qui se livrait à toute sorte d'excès sur leurs propres tribus. Une autre cause de mécontentement, beaucoup plus grave, fut la peste bovine, et surtout l'abattage du bétail qu'ordonnaient les blancs pour ne pas favoriser l'extension de la maladie. Le bétail constitue toute la fortune du Matabélé : il estime la valeur d'une femme ou d'un fusil à autant de vaches. Les indigènes considéraient donc l'abattage de leur bétail comme un moyen de les ruiner, ne pouvant comprendre le but de la mesure. Mais une cause de mécontentement primait toutes les autres. Un peuple fier, qui avait jusque-là dominé toutes les races indigènes, ne pouvait supporter la domination des blancs. Tôt ou tard, cette cause devait provoquer la rébellion.

Elle éclata au mois de mars 1896, au lendemain du raid Jameson. Une attaque dirigée contre la police indigène fut suivie d'un massacre général. Les noirs tuaient sans pitié tous les blancs qu'ils rencontraient dans les fermes et autour des mines, hommes, femmes et enfants. Et ces massacres eurent lieu simultanément dans tout le pays, comme sur un mot d'ordre.

Dès que la nouvelle en parvint à Bulawayo, les colons s'armèrent. Mais ils étaient sans chef et n'avaient pas eu le temps d'organiser la résistance. A la tête de l'insurrection étaient les Indunas, et tous les Matabélés se joignirent à eux. Pour leur tenir tête, les blancs n'avaient que quarante-huit hommes de police montée ; la moitié de la police indigène avait passé aux rebelles. Les blancs disposaient d'un millier de fusils, mais ils n'étaient que huit cents capables de s'en servir, car les colons assiégés dans leurs laagers ne pouvaient prendre part à l'offensive. Rhodes accourut de Salisbury avec une colonne de secours. Il prit part à plusieurs chaudes actions. Un jour, chevauchant en tête de la colonne, il échappa comme par miracle à une volée de balles sorties des broussailles à trente pas de distance, et ne perdit pas un instant son imperturbable sang-froid. Un autre jour, il affronta l'ennemi de si près qu'on l'adjura, mais en vain, de ne pas trop s'exposer au feu.

Comme les volontaires de Bulawayo étaient impuissants à écraser l'insurrection, il fallut faire appel aux troupes impériales. Les rebelles avaient fait des monts Matopo leur citadelle. Les Anglais y perdirent deux cents hommes, morts et blessés. Et comme ils ne comptaient que mille hommes, il devenait manifeste qu'ils périraient jusqu'au dernier s'ils voulaient emporter l'une après l'autre les positions des Matopo. Il fallait au moins cinq mille hommes de troupes impériales pour déloger les Indunas de leurs forteresses. On ne pouvait donc espérer terminer la campagne cette année. Or l'avenir de la Compagnie à Charte, l'avenir même de la Rhodésie était compromis si la guerre ne pouvait être finie bientôt.

C'est alors que Rhodes imagina un moyen héroïque de sortir de cette situation désespérée. Il résolut d'aller trouver, seul et sans escorte, les Matabélés Indunas et de les amener à accepter des propositions de paix qui mettraient fin à la guerre. Avec la permission du général Carrington, il alla tout d'abord établir son camp loin des troupes, au pied même des monts Matopo. Comme son camp n'était pas gardé, il s'exposait à être capturé ou massacré par les indigènes qui le regardaient comme le chef des blancs. Ce n'est pourtant pas inconsidérément qu'il prit cette résolution : il y voyait le moyen d'inspirer confiance aux Indunas rebelles et l'événement prouva qu'il ne se trompait point.

Un jour, vers midi, un Cafre venant des Matopo

arrive dans le camp de Rhodes et annonce aux blancs qu'un *Indaba* (grand conseil) doit se tenir dans la montagne. Les Indunas n'osent pas descendre dans la plaine, à cause des soldats blancs, mais ils désirent voir Johan, leur vieil ami. Johan Colenbrander est l'habile interprète qui connaît aussi bien la langue que l'esprit des indigènes. C'est lui qui accompagna à Londres Lobengula et ses Indunas. Babyaan, l'un de ces mêmes Indunas, est aujourd'hui un des chefs des rebelles. Ceux-ci n'osent pas espérer que Rhodes viendra chez eux, mais il peut être assuré qu'il sera le bienvenu s'il daigne assister à leur conseil.

C'est l'occasion que Rhodes souhaite, et il la saisit avec empressement. Il prend avec lui Colenbrander, le docteur Sauer et le capitaine Stent, correspondant du *Cape Times*, qui prend soin de retenir les détails d'une scène unique dans l'histoire. Deux indigènes accompagnent les blancs. Trois blancs cachent dans leurs poches des revolvers. Quant à Rhodes, qui ne dissimule aucune arme, il ne porte que sa houssine, à l'exemple de son vieil ami Gordon qui ne portait qu'une canne lors de la guerre de Chine. Ils suivent la gorge qui monte aux Matopo. De tous côtés surgissent des kopjes de granit, très propres à dissimuler des embuscades. Ils débouchent enfin dans une sorte d'amphithéâtre rappelant les cirques des Pyrénées et dominé par des murailles de granit du haut desquelles les observent les têtes noires. Rhodes et ses compagnons descendent de cheval. C'est la minute psychologique, celle où l'on saura si, par une de ces ruses comme en ont les sauvages, ceux-ci ont voulu faire tomber le grand chef en leur pouvoir ou si c'est sincèrement qu'ils l'ont invité à l'Indaba pour lui exposer leurs griefs.

L'attente n'est pas longue. Les blancs n'ont pas sitôt mis pied à terre qu'une troupe d'Indunas s'avance, marchant en file, précédée d'un drapeau blanc, et, plantant le drapeau en terre, s'assoit en demi-cercle autour des quatre hommes blancs. La plupart portent sur la tête cet anneau qui, chez les tribus zouloues, est la marque distinctive du guerrier. Rhodes, assis sur le flanc d'une termitière, leur adresse le salut zoulou, et les Indunas lui font le même salut.

Après un long silence, Rhodes leur fait demander par Colenbrander d'en venir à l'objet de la réunion. « Parlez, leur dit Colenbrander, parlez à votre père. Il est venu parmi vous sans armes, avec la paix dans le cœur ». Un Induna puis un autre exposent éloquemment les griefs des Matabélés. Le principal grief est la conduite de la police indigène. Ils disent que leurs fils et leurs serviteurs sont allés s'enrôler dans la police à Bulawayo, puis sont revenus le fusil en main, ont bravé leurs propres pères, les ont battus, ont ravi leurs femmes, ont saisi leurs bestiaux, et qu'aucune réparation n'a été donnée. Rhodes règle ce premier point en leur promettant qu'il n'y aura plus de police indigène. Ils se plaignent ensuite des commissaires indigènes : ne leur ont-ils pas pris leurs femmes qui leur avaient coûté vingt vaches, et ne les ont-ils pas distribuées à leurs gens ! Puis vient le **grief du** bétail qui leur a été enlevé contrairement aux promesses de l'Administrateur. Rhodes répond à ce grief en disant que la peste bovine, en tuant tout le bétail, a résolu la question.

Après avoir écouté tous leurs griefs, Rhodes expose à son tour les siens. « Je ne vous en veux pas de ce que vous nous faites la guerre, leur dit-il, mais vous ne méritez pas de pardon pour avoir tué nos femmes et nos enfants. » Il fallait quelque courage pour oser faire en pareil lieu pareil reproche aux chefs des Matabélés qui, après tout, n'employaient que la méthode de guerre teutonne. « Mais tout cela, ajouta Rhodes, c'est le passé. Voyons l'avenir. Est-ce la paix ou la guerre ? »

Alors, un des Indunas saisit un bâton, l'agite au-dessus de sa tête, et le jette aux pieds de Rhodes en s'écriant : « Voilà mon fusil, je le jette à vos pieds. Voilà mon assagaie ! » Et tous les Indunas applaudissent. Sur quoi Rhodes fait un exposé net de la situation. Tous les bestiaux sont morts. Le temps des semailles est venu. Les pluies sont proches. « Faisons la paix aujourd'hui ou nous aurons la famine demain ». Il termine en donnant l'assurance qu'il restera dans le pays et qu'il sera toujours disposé à écouter leurs plaintes. A cette promesse répondent des applaudissements, et l'un des Indunas prend la parole : « Père, c'est bien. Vous avez eu confiance en nous, et nous avons parlé. Nous sommes tous ici aujourd'hui, et notre voix est celle de la nation. Nous sommes la bouche et l'oreille des Matabélés. Nous vous donnons une seule parole, celle de la paix. La guerre est finie. Vous pouvez retourner sain et sauf à Tuli. Tentez-le, nous sommes fidèles à la parole donnée. J'ai dit. »

La séance du Conseil a duré plus de quatre heures. Le soleil se couche sur les kopjes quand Rhodes se lève et donne le signal de la retraite. Tandis que les Indunas crient : « Adieu, père et roi ! » Rhodes remonte à cheval et reprend le chemin du camp, heureux d'avoir sauvé la Rhodésie, et emportant le souvenir inoubliable d'une scène dont la grandeur épique évoque celles de l'Iliade ou du Romancero.

Rhodes ne fut jamais plus beau que ce jour-là. Son geste épargna bien du sang et assit définitivement la domination anglaise dans cette partie de l'Afrique à laquelle a été attaché son nom. C'est une gloire qui lui restera en dépit des taches qui obscurcissent la fin de sa carrière.

Mais on ne doit cependant pas considérer comme un trait exceptionnel d'héroïsme l'audace qu'il eut de se rendre sans armes au milieu des Indunas en guerre. C'est un fait bien connu de tous ceux qui ont pratiqué de près les primitifs, qu'ils respectent le blanc qui se présente chez eux isolé et sans armes. Tout comme la plupart des animaux sauvages, ils ne sont agressifs et méchants que lorsqu'ils soupçonnent un danger. C'est sous l'empire de cette idée que, lorsque je visitai le Zoulouland lors de mon premier voyage à travers l'Afrique australe, au lendemain de la guerre zouloue, je me risquai un jour, par simple caprice, à entrer dans un kraal, tout seul, sans autre arme qu'un bâton qui me servait à tenir en respect les chiens. Je ne provoquai chez les hommes qu'un profond ahurissement, et chez les femmes un tel éclat de rire qu'elles durent s'asseoir pour y donner libre cours. N'ayant d'autre ressource que le langage mimé, je n'en fus pas moins le bienvenu.

Or les Matabélés sont de race zouloue. Rhodes les connaissait à fond. Il aimait à causer journellement avec les noirs et savait gagner leurs sympathies.

Lors de mon ascension au Mont Ararat, je ne pus obtenir du commandant d'un poste de cosaques une escorte, parce que deux de ses cosaques venaient d'être massacrés dans la montagne par les Kurdes si redoutés, et malgré la scène tragique que j'ai racontée dans mon « Voyage au Mont Ararat », je pus revenir sain et sauf, au grand étonnement du colonel Poukholof, qui avait essayé de me détourner de mon projet. Si j'avais été armé, j'aurais été infailliblement massacré. Kurdes et Zoulous sont également sauvages et également belliqueux; mais, comme tous les sauvages, ils ont un sentiment vague de l'honneur et ne traitent pas en ennemi le blanc qui se fie à eux.

Après le mémorable *Indaba* qui mit fin à la guerre

des Matabélés, Rhodes acheva l'œuvre de pacification
en restant deux mois dans son camp, près du Matopo,
sans garde et sans armes. Chaque jour, et à toute
heure du jour, il accueillait amicalement ceux des
Indunas qui désiraient conférer avec lui. Ils entraient
sans se faire annoncer, s'asseyaient par terre, et
exposaient de quelle façon ils désiraient être gouver-
nés à l'avenir. Pendant ces palabres, Rhodes trouvait
plaisir à railler les Indunas, leur disant combien il leur
serait facile de le faire surprendre pendant la nuit et
de le tuer. Les Indunas se montraient fort blessés de
ces plaisanteries et le suppliaient de ne pas leur attribuer la pensée même d'une telle trahison. Peu à peu
il gagna ainsi leur confiance et leur amitié. Et telle
fut bientôt l'intimité qui s'établit entre eux, qu'ils
vinrent dormir dans son camp avec leurs femmes.

Avant de s'en retourner à Bulawayo, Rhodes tint
dans son camp un dernier *Indaba* dans lequel il assura
la tranquillité du pays par un arrangement définitif.
Les Indunas devaient être désormais des employés
salariés de la Compagnie à charte. Commissaires indigènes placés dans chaque district sous le contrôle d'un
blanc, ils avaient à répondre de la conduite des noirs.
Chaque Induna avait droit à un cheval, outre un
salaire de quinze cents francs par an. Il devait surveil-
ler et contenir les noirs et devait veiller à ce que ceux-
ci fournissent la main-d'œuvre pour les travaux des
fermes et des mines. Rhodes prit d'autres dispositions
dans le but de pacifier le pays non par le désarmement

mais par le travail qui, à la longue, amènerait la décadence du vieil esprit militaire. Grâce à ces arrangements la paix ne fut plus troublée en Rhodésie. Les Matabélés se souvinrent de la leçon qui leur avait appris que, même munis des armes des blancs, ils sont inférieurs aux blancs.

CHAPITRE VIII

Zimbabye.

Lors de mon séjour au Cap, en 1893, M. Trimen,
alors directeur du musée de Cape-Town, me fit les
honneurs d'une vitrine qui n'était pas encore ouverte
au public. J'y vis une collection d'antiquités provenant
des ruines de Zimbabye, en Mashonaland. Ce nom,
d'une étrange saveur africaine, est un composé de
deux mots indigènes, et signifie « maisons de pierre ».
On le trouve écrit dans les vieilles chroniques portugaises sous la forme de Zimbaoe ou Simbaoe. Feu
Théodore Bent, qui venait d'explorer le site, croyait
avoir reconnu dans les ruines de Zimbabye les vestiges d'un établissement phénicien. Les antiquités conservées au musée avaient été offertes pour la plupart
par Cecil Rhodes, qui avait lui-même exploré Zimbabye, et qui était convaincu, comme Théodore Bent,
de leur origine phénicienne. Je me rappelle la verve et
l'ingéniosité avec lesquelles il me soutint ses vues à
Grooteschuur, en présence des antiquités de Zimbabye
dont il s'était fait collectionneur.

A cette époque, Zimbabye était un des lieux les plus inaccessibles de l'Afrique. Aujourd'hui, on y va en chemin de fer. On fait de nuit le trajet de Bulawayo à Fort Victoria, d'où un petit embranchement de 15 milles, tout récemment inauguré, aboutit à Zimbabye. On trouve, à deux pas des ruines, un gîte dans une modeste petite maison couverte d'un toit de chaume. C'est le « Grand Hôtel de Zimbabye ».

Zimbabye est sur le bord du plateau de Mashonaland. La vallée de l'Umshagash: forme en cet endroit une large plaine fermée de tous côtés par des montagnes d'un aspect sauvage. Un *kopje* se dresse isolé au milieu de la plaine, entassement de rochers informes, roulés les uns sur les autres, et envahis par une végétation de ronces et de lianes, d'orties géantes et d'acacias, de baobabs et de mimosas. Au milieu de ce labyrinthe de granit et de ce fourré inextricable se trouvent ces ruines qui se dressent comme l'énigme de l'Afrique, ruines muettes, sans inscription, sans histoire, et qui n'ont cessé d'intriguer les savants depuis que Mauch les retrouva au siècle dernier.

La première impression qu'on éprouve devant cette énigme est indéfinissable. On n'imagine pas un lieu plus solitaire, plus rempli de mystère, de silence et de mélancolie. Depuis des siècles, nul peut-être n'a habité ce troublant labyrinthe. Quelle surprise de rencontrer un témoignage intelligent de l'industrie humaine au cœur de la barbarie du continent noir, au milieu du pays du fétichisme et du cannibalisme ! Qui s'atten-

drait à trouver en un pareil lieu une œuvre si éloignée
de tout ce que l'on connaît, une œuvre à la fois si
complexe et si incompréhensible dans son ensemble et
dans ses détails, une œuvre sur l'utilité et l'intention
de laquelle l'esprit se perd en conjectures, une œuvre
qui semble remonter à la nuit des temps et demeure
encore relativement intacte ! Quand les ombres du
soir pénètrent dans ce dédale de couloirs et de murs
d'enceinte, quand les obscurs passages s'enveloppent
de mystère, on se croirait dans une demeure enchantée, et si, d'aventure, un serpent ou un rat vient à se
glisser parmi les décombres, on croit voir passer
l'âme d'un des anciens bâtisseurs de Zimbabye.

Telle est l'impression qu'ont dû éprouver les premiers explorateurs qui visitèrent Zimbabye. Et l'on
comprend alors tout ce qu'ils ont écrit de fantaisiste
sur ces ruines étranges, et avec quelle facilité furent
acceptées les divagations de M. et Mme Théodore Bent,
qui ont écrit un gros livre pour démontrer l'origine
phénicienne de ces ruines (1).

La légende phénicienne a fait son temps depuis
les lumineux travaux d'un archéologue qui jouit en
Angleterre d'une grande autorité, M. David Mac Iver,
que j'eus la bonne fortune de rencontrer à New-York,
où il a épousé une charmante Américaine qui parle
le français comme une Parisienne. Son livre (2),

____

(1) Th. Bent, *The ruined Cities, of the Mashonaéaud.*

(2) David Mac Iver, *Mediaeval Rhodesia.*

« La Rhodésie du Moyen-Age », établit d'une manière définitive que l'antiquité de Zimbabye ne remonte pas au-delà de l'époque féodale. Subventionné par le fonds Rhodes et sous le patronage de l'Association britannique, il explora les ruines de Rhodésie en 1905.

Depuis Mauch, le problème de l'origine était resté fort obscur, à cause de la difficulté d'accès et du manque de méthode scientifique dans les fouilles. Or, l'Association britannique résolut, en organisant un voyage collectif en Afrique australe, de faire un grand effort pour mettre fin à l'incertitude et à la fantaisie. Dans ce but, elle pria M. Mac Iver de précéder de quelques mois les membres de l'expédition et le chargea d'étudier les ruines. L'explorateur atteignit la Rhodésie dans les premiers jours d'avril et poursuivit ses travaux jusqu'au milieu de septembre. Grâce aux progrès des moyens de communication et aux facilités dont il disposait, il put pratiquer ses fouilles sur une plus vaste étendue que nul ne l'avait fait avant lui, et en déduire des conclusions d'une netteté remarquable.

Si ces conclusions ne sont pas celles auxquelles le public s'attendait, elles n'ont rien qui doive surprendre les archéologues et les ethnologistes. Avant qu'on eût des données suffisantes pour déterminer l'origine et la date des ruines rhodésiennes, l'opinion populaire avait résolu la question. Elle avait décidé qu'elles remontaient à une fabuleuse antiquité et, sur la foi des chroniques du Moyen-Age, elle avait accepté que

Zimbabye et toutes les constructions similaires qu'on rencontre sur le territoire de la Rhodésie étaient l'œuvre d'un ancien peuple venu de l'Orient. Journalistes et écrivains profanes possédaient sur ce point des certitudes auxquelles n'auraient pas osé prétendre les plus savants orientalistes. Après tout, qui pouvait jurer qu'ils se trompaient ? On devine parfois juste, et le hasard peut conduire à la vérité.

Un fait, toutefois, était bien établi, c'est que les fouilles n'avaient rien révélé jusqu'alors qu'un achéologue pût faire remonter au-delà de quelques siècles. Il était non moins certain que les objets trouvés dans les ruines et qui n'appartenaient pas au Moyen-Age étaient bien du type africain. Mais ces fouilles, faites par des mains peu expertes, laissaient encore incertaine la question de savoir s'il n'existait pas des couches plus anciennes sous les vestiges contemporains ou d'origine africaine.

C'est là le problème qu'il fallait élucider. M. Mac Iver était bien l'homme capable d'en trouver la solution, lui qui venait de passer neuf ans à pratiquer des fouilles en Egypte et en Orient. Quelle perspective pouvait lui sourire davantage que celle d'étendre à la Rhodésie le cercle de ses études orientales ? S'il lui a fallu abandonner un rêve aussi séduisant, c'est par respect pour la science et la logique brutale des faits.

Mais si ces vues nouvelles sur l'origine des monuments rhodésiens et de leurs bâtisseurs dissipent le merveilleux halo qui les enveloppait, elles offrent des avantages qui compensent bien la perte de l'illusion. Car il faudra désormais mettre ces monuments en relation directe avec la contrée où ils ont été découverts, et voilà un champ de recherches propre à fasciner l'imagination et à exciter l'énergie des Rhodésiens. Les problèmes du passé apparaissent comme liés à ceux du présent. Au savant et au colon d'unir leurs efforts et de travailler à leur solution.

Presque tous les explorateurs qui ont étudié les origines des ruines rhodésiennes ont concentré leurs recherches sur un seul des nombreux monuments éparpillés dans l'immense étendue du Mashonaland. Les ruines les plus considérables, celles de Zimbabye, ont surtout attiré leur attention. M. Mac Iver, convaincu qu'une étude comparative était indispensable et qu'il fallait examiner plusieurs groupes de constructions, a exploré sept sites. Or, dans ces sept sites, il n'a mis au jour aucun objet auquel on puisse assigner une plus haute antiquité que le quatorzième ou le quinzième siècle de l'ère chrétienne. Il n'a relevé dans l'architecture des monuments aucune trace du style oriental ou européen qu'on puisse attribuer à une époque quelconque. Il n'a trouvé, pas plus que les précédents explorateurs, la moindre trace d'inscription. De ces trois faits négatifs on peut tirer déjà des conclusions que corroborent singulièrement trois faits positifs :

I. — Certains articles importés, dont la date est

bien connue dans les pays d'origine, notamment en Perse, sont de la même époque que les constructions rhodésiennes où on les trouve. Ces constructions sont donc du Moyen-Age ou quelque peu postérieures.

II. — Les habitations qu'on trouve au milieu des ruines de pierre, et qui en font partie intégrante, ont un caractère nettement **africain.**

III. — Les objets trouvés dans ces habitations sont d'un art et d'un type africains, à moins qu'ils ne soient des importations étrangères du Moyen-Age ou d'une époque postérieure.

Les fouilles pratiquées par M. Mac Iver à Dhlo-Dhlo et à Zimbabye établissent le premier point. Quant aux deux autres points, ils ressortent de l'examen de toutes les habitations qu'ont laissées les anciens constructeurs dans les groupes de ruines échelonnées d'Inyanga à Zimbabye. Il n'y a aucune différence essentielle entre les grossières constructions d'Inyanga et celles de l'ancienne Monomotapa, où l'on retrouve les mêmes traits sur une plus grande échelle et avec plus d'élaboration. Si grande est la ressemblance des habitations et de leur contenu avec les demeures actuelles des indigènes et avec les objets qu'ils fabriquent aujourd'hui, qu'on a vu s'y tromper les profanes.

Quant à prétendre que ces habitations auraient été récemment réoccupées par des Cafres, c'est là une opinion inacceptable, tout d'abord parce que les pro-

duits prétendument modernes sont trouvés là où ils
ne peuvent avoir été placés après la pose des assises
de l'édifice, ensuite parce que les huttes se rencontrent dans tant de localités distantes et avec une per-
sistance si invariable, parce qu'elle forment partout
une partie si inséparable de toute la structure, que
l'hypothèse d'une réoccupation ne s'explique point.
Dans les ruines de Niekerke, les fondations de huttes
se rencontrent partout sur une si vaste étendue, que
toute la population des districts voisins n'aurait pas
suffi à les occuper.

Ces habitations qu'on trouve de tous côtés dans
l'enceinte de pierre, et qui en sont inséparables, sont
d'aspect africain dans leurs moindres détails, et
appartiennent à une époque qui est précisée par les
importations étrangères datant du Moyen-Age. Tout
en concédant que les ruines rhodésiennes ont un caractère africain, des théoriciens qui ne veulent admettre
que des noirs aient pu faire de tels ouvrages, prétendent qu'ils sont dus à une race étrangère. Mais ils
n'apportent aucune preuve à l'appui de leur thèse. Où
sont les traces de cette race étrangère ? La thèse est
d'ailleurs contredite par les textes anciens. Les chro-
niqueurs portugais du Moyen-Age, contemporains ou
presque contemporains des monuments dont l'époque
est établie, ne font pas la moindre allusion à une race
étrangère qui aurait dominé les noirs. Bien au contraire, De Barros et De Goes disent formellement que
les habitants des contrées voisines de la capitale du

Monomotapa étaient des nègres à chevelure laineuse.
Et le missionnaire qui raconte la conversion d'un
natif du Monomotapa au milieu du dix-septième siècle, affirme expressément que c'était un homme noir
(con carnes pretas). Les recherches de Theal établissent que le roi du Monomotapa, dans le même siècle,
était un nègre (1). En sorte que s'il n'y a aucune
raison d'accepter une hypothèse toute gratuite, il y
a de bonnes raisons de la rejeter.

Quant à déterminer quelle fut la tribu de nègres
qui édifia ces monuments, c'est un problème qui ne
peut être élucidé que par les blancs qui vivent sur
place et ont des rapports suivis avec les indigènes.
A mesure qu'on connaîtra mieux les tribus africaines,
on pourra recueillir des éléments nouveaux pour la
solution de la question. Et M. Mac Iver croit cette
solution proche.

D'après certains voyageurs (2), les Ba-rotsé, qui
furent chassés du Mashonaland par les Ma-tabélé,
pourraient bien être les constructeurs de Zimbabye.
Un reste de cette tribu, qui vit au nord-est des chutes
du Zambèze, a conservé l'art de tailler la pierre et de
construire des murs. Les dessins qui ornent leurs
poteries offrent une similitude frappante avec les
dessins observés dans les ruines. Cette opinion est

____

(1) Dr G. M. Theal's, *Records of south Eastern africa*, I, 24.

(2) Lincoln Tangye, *In new South africa. Travels in the Transvaal and Rhodesia*.

partagée par le savant directeur du musée de Cape-
Town, qui a bien voulu m'exposer ses vues sur Zimbabye, vues qui concordent entièrement avec celles de
M. Mac Iver. Les ornements en zigzags qu'on observe
sur les murs de Zimbabye sont identiques aux ornements que font encore aujourd'hui les Ba-rotsé. Les
fers de lance, les têtes de lance en cuivre, sont des
objets de fabrication locale. Les Ba-rotsé sont d'excellents forgerons, et ils ont connu de tout temps l'art
de travailler le cuivre. Un voyageur anglais (1) qui
a vécu parmi les Ba-rotsé nous apprend qu'ils prati-
quent la circoncision et certaines cérémonies de puri-
fication, et il émet l'hypothèse qu'ils sont originaires,
de même que certaines tribus bantoues, d'une contrée
qui eut des relations avec la Palestine, d'où leur
seraient venues des coutumes juives.

Les poteries de Zimbabye exposées sous les vitrines
du musée de Cape-Town affectent la forme d'animaux
africains, hippopotames et autres, et le fameux plateau que possède le même musée, et dont Bent a fait
une pierre des sacrifices d'origine phénicienne, est
orné de figures représentant notamment des zèbres,
animaux inconnus des Phéniciens. Il s'agit tout simplement d'un plateau à usage domestique, identique
au plateau qu'on a trouvé récemment à Méroë avec
d'autres objets offrant une frappante parenté avec
ceux du musée. Les dessins du plateau, représentant

----

(1) Garenganze, *West and East*. By P. S. Arnot.

du chanvre roulé, rappellent les cordes de chanvre encore en usage et qu'on voit à Méroë.

Les faïences chinoises et orientales trouvées dans les ruines sont de précieux documents qui établissent leur date relativement récente. Une de ces faïences est un débris de vase persan. Elle porte une inscription où subsiste la mention du mois de l'année mahométane ; mais la partie du vase où était mentionnée l'année est malheureusement brisée. Toutefois, les divers savants persans auxquels la pièce fut soumise de manière qu'ils ne pussent se concerter, furent unanimes à déclarer qu'elle ne pouvait remonter à une plus haute antiquité que le quinzième siècle suivant les uns, le seizième suivant les autres.

M. Mac Iver s'est efforcé d'établir de plus près la date relativement récente des ruines rhodésiennes et de soulever le voile de leur histoire. Tout en faisant coïncider la splendeur de Zimbabye avec les premières années du seizième siècle, il concède que certaines constructions peuvent remonter tout au plus à deux siècles plus tôt, et c'est-à-dire qu'elles appartiennent à une époque où Sofala était un port florissant habité par une colonie d'Arabes qui trafiquaient avec l'intérieur pour la recherche de l'or. Ils apportaient en échange les produits de l'Orient et peut-être aussi ceux de l'Europe qui arrivaient par la route du Caire où des marchands italiens s'étaient établis depuis l'époque des Croisades.

Il n'est pas impossible qu'un établissement un peu

plus ancien ait existé à Zimbabye, mais aucune des constructions subsistantes ne permet de l'affirmer. S'il est téméraire de supposer que cet établissement remonterait à une époque beaucoup plus reculée, on peut admettre sans trop d'exagération que le lieu était habité un ou deux siècles plus tôt. Et comme Zimbabye, centre de l'exploitation de l'or, devait son existence même au commerce avec les Arabes de Magadoxo, l'antiquité la plus éloignée qu'on puisse lui assigner est le onzième siècle de l'ère chrétienne.

Quand Zimbabye atteignit une ère de richesse et de prospérité, elle dut pourvoir à sa défense, et c'est d'alors que datent l' « Acropole » et le prétendu « Temple elliptique », et les vestiges des opulentes habitations que se construisirent les riches trafiquants de l'or.

Dans les dernières années du quinzième siècle, les Portugais vinrent à la côte orientale, y établirent un comptoir de commerce, et puis construisirent un fort à Sofala (1506). Mais c'est par l'intermédiaire des marchands arabes qu'ils trafiquaient avec l'intérieur. Pendant deux ou trois générations, Sofala eut une situation plus florissante que jamais ; mais bientôt sonna l'heure du déclin par suite de la prépondérance de Mozambique et des établissements des Portugais sur le Zambèze. C'est précisément à cette époque que pâlit la puissance du roi du Monomotapa, à cause de la révolte de plusieurs de ses vassaux. Il perdit la partie méridionale de ses états, et fonda une autre capitale sur le Mazoe, dans ce qui lui restait de son royaume.

De là date la décadence de la grande Zimbabye. Elle subsistait peut-être encore au dix-septième siècle, mais avait perdu son importance d'autrefois. Ce qui peut l'avoir détruite, c'est une de ces terribles vagues de conquérants dévastateurs qui ont inondé périodiquement l'Afrique du Sud. Theal (1) mentionne quelques-unes de ces invasions, entre autres celle des Zimbas, horde de cannibales qui envahit l'Afrique au nombre de 20.000, détruisant tout sur leur passage, et encore celle des Cabires qui envahit le royaume de Monomotapa, et qui se nourrissait également de chair humaine.

A son retour en Europe, M. Mac Iver fut agréablement surpris de voir ses conclusions acceptées par tout ce que l'Europe compte d'archéologues sérieux. Toutefois, M. Hall, le vieux conservateur des ruines de Rhodésie, ne voulut point désarmer. Mais les gros volumes qu'il a écrits depuis pour réfuter son contradicteur n'ont pu ébranler l'opinion générale. Sauf Sir Harry Johnstone, qui n'en est pas à sa première erreur, et le regretté professeur Keane, qui joignait la fantaisie à l'érudition, il n'est pas en Angleterre un seul archéologue, pas un seul anthropologiste, qui croie encore à l'antiquité fabuleuse des ruines rhodésiennes.

____

(1) Ouv. cit.

De même que la Grèce a le Parthénon, de même Zimbabye a son « temple elliptique », le monument le plus fameux de la Rhodésie. Il doit sa célébrité, tout comme son nom même, à feu Théodore Bent qui l'explora en 1891 et le décrivit comme la huitième merveille du monde. Depuis cette époque, beaucoup de fouilleurs, dont le jugement n'égalait pas le zèle, l'ont débarrassé de ses débris encombrants et aussi de ses traits caractéristiques, en sorte que le visiteur peut aujourd'hui difficilement reconstituer en imagination l'intérieur de l'édifice.

Le prétendu « temple » est une enceinte elliptique assez irrégulière dont le dessin n'a rien de remarquable, bien que Bent proclame qu'on n'en trouve de semblables qu'en Arabie. Cette enceinte, dont l'ovale irrégulier peut avoir 100 mètres de long sur 70 de large, est fermée par un mur extraordinairement massif de 8 à 9 mètres de haut, de plus de 4 mètres d'épaisseur. Ce mur est construit avec des blocs de granit non équarris provenant de l'écaillement naturel des rochers, et très grossièrement ajustés. Bien qu'il n'y ait aucune trace de mortier, cette maçonnerie a défié les siècles : elle doit sa solidité à la grande largeur du mur à la base. La partie supérieure du mur est ornée, en guise de corniche, de dessins à jour en zigzags auxquels les premiers explorateurs ont attaché une importance exagérée, puisque le même ornement se retrouve chez les Ba-rotsé.

Ce que Bent a pris pour un temple sacré où il a

même cru voir un autel, est en réalité un fort, ou plus probablement encore un grenier bien défendu contre les maraudeurs. On reconnaît encore dans le mur d'enceinte les ouvertures dans lesquelles pénétraient les poutres supportant les plafonds des étages. L'édifice a été tellement fouillé par les visiteurs qu'on peut difficilement se représenter ce que devait être sa destination. M. Mac Iver émet l'hypothèse que l'enclos central auquel donnait accès la porte du nord, et dont le sol disparaît entièrement sous deux ou trois plateformes, servait de lieu de résidence. Et comme Zimbabye était, selon toute vraisemblance, la capitale du Monomotapa, il n'est pas téméraire de supposer que là devaient se trouver les appartements royaux.

Mais quelle pouvait être la destination de la fameuse tour cônique qui se dresse près de la partie sud du mur d'enceinte et qui devait autrefois s'élever jusqu'à la hauteur de ce mur ? Cette tour avait-elle une signification symbolique ou une utilité pratique ?

De toutes les hypothèses au sujet de cette tour énigmatique, la plus fantaisiste est celle imaginée par Théodore Bent, qui voyait dans ce cône tronqué un colossal emblème du culte phallique. On a peine à comprendre comment cette hypothèse a pu être acceptée de confiance par les Rhodésiens. Cette tour a la forme banale des moulins à vent qu'on peut voir dans toute la Hollande et jusque dans les rues de Rotterdam. Feu Théodore Bent eût-il osé prétendre que le culte phallique fleurit à Rotterdam ? On a, il est vrai, exhumé à Zimbabye quantité d'objets en forme de phallus dont Cecil Rhodes m'a montré des spécimens dans sa collection. En peut-on conclure que Zimbabye avait un temple consacré au culte phallique ? Ces prétendus emblèmes que Bent rattache à je ne sais quel culte des Phéniciens, ne sont nullement des phallus, mais des objets sur la nature desquels sont édifiés les voyageurs qui connaissent les mœurs des femmes indigènes dans le Mashonaland et dans d'autres contrées de l'Afrique centrale. Comme tous les peuples primitifs, les nègres ont eu et ont encore des rites orgiaques. Mais est-ce là le culte phallique dont une tour en forme de moulin à vent serait le symbole ? Hypothèse pour hypothèse, j'aime mieux celle de M. Mac Iver, qui fait de la tour cônique le symbole de la majesté royale, supposition qui n'a rien d'absurde si l'on admet que le prétendu temple elliptique était la résidence du grand chef du Monomotapa, dont le trône se dressait au pied de la tour.

Si le « Temple » était la résidence royale, on s'explique la nature des vestiges qu'on rencontre dans la vallée large d'un kilomètre qui s'étend du « Temple » à l' « Acropole ». Ces ruines ne peuvent être que celles des demeures des principaux de la tribu. Elles n'étaient pas fortifiées, puisqu'elles étaient à proximité de l'Acropole qui pouvait servir de refuge en cas d'attaque. C'est dans la vallée que vivaient vraisemblablement les riches commerçants qui recevaient l'or des districts voisins et l'échangeaient contre les produits apportés de la côte orientale par les marchands arabes. Les chroniques portugaises donnent des détails précis sur l'extraction de l'or au Moyen-Age par les indigènes du Monomotapa (1).

On s'imaginerait à tort, toutefois, que Zimbabye fût un centre d'exploitation minière. On n'en trouve guère de trace. Le lavage et autres manipulations de l'or devait se faire dans les districts où on trouvait de l'or, et d'où on le transportait par caravane à la Capitale. Zimbabye n'était pas un lieu de production, mais un lieu de distribution. On n'a point trouvé d'or brut dans les ruines, mais on y a ramassé beaucoup de grains de collier qui devaient être une sorte de monnaie courante, comme l'atteste un document portugais de l'an 1513. (2)

Les ruines des demeures qui s'éparpillaient dans la vallée attestent l'opulence de leurs occupants, qui n'épargnaient rien pour se faire des habitations confortables. La roche était couverte d'un pavement en ciment d'une grande épaisseur, et sur cette fondation s'érigeaient des murs d'une maçonnerie aussi solide que celle du « Temple ».

Les bâtisseurs de Zimbabye ont converti en une imprenable acropole la colline qui domine à pic la vallée de toute sa hauteur de 80 à 90 mètres. Ils ont mis à profit l'ouvrage de la nature. C'est un labyrinthe de crevasses converties en passages tortueux,

____

(1) Theal, ouv. cit.
(2) Theal, ouv. cit.

de roches proéminentes élargies en plateformes, de blocs de granit taillés en refuges. Qui sait quelles surprises réservent encore aux archéologues cette forteresse qui n'a jamais été fouillée à fond ! Il y a là d'innombrables débris parmis lesquels doivent se trouver maints vestiges des temps disparus.

C'est dans cette acropole que Bent mit au jour les piliers en stéatite surmontés d'un oiseau sculpté qu'on peut prendre soit pour un aigle, soit pour un vautour, soit pour un faucon, tant la sculpture dans la pierre tendre est grossièrement faite. Cet oiseau est probablement l'emblème de la tribu qui construisit l'acropole, hypothèse d'autant plus vraisemblable qu'il y a aujourd'hui encore une tribu dont l'aigle est l'animal sacré. Ces piliers en stéatite, que Théodore Bent croyait sortis des mains de sculpteurs phéniciens, sont donc tout simplement l'œuvre de sculpteurs noirs, comme l'atteste d'ailleurs le manque absolu de caractère artistique. D'autres fragments qu'on a qualifiés d'œuvres d'art et qu'on peut voir dans les vitrines des musées de Bulawayo et de Cape-Town, ne sont que de grossières sculptures comme en peuvent faire tous les peuples barbares, imitations d'animaux, figures géométriques au niveau des essais artistiques des peuplades noires actuelles.

Ainsi s'évanouit la légende qui voyait dans le Mashonaland l'Ophir de la Bible, le mystérieux pays de la reine de Saba d'où Salomon faisait venir l'or du temple de Jérusalem. Il fallait tout l'aplomb d'un

Sur le Zambèse.

Rapides du Zambèse.

Cecil Rhodes pour faire miroiter aux yeux des aventuriers les 900 millions de livres sterling que Salomon avait tiré de ce pays. Ce roi devait avoir des écritures très bien tenues pour nous avoir laissé un compte aussi exact.

C'est M. Brieux qui, dans ses pérégrinations à travers le monde, a fait cette fâcheuse découverte que chaque pays comporte décidément une bonne blague qu'on fait aux étrangers. Dans l'Afrique du Sud, la mystification qu'on réserve aux étrangers est Zimbabye. Naturellement, les Sud-Africains sont de bonne foi. Ils s'obstinent avec M. Hall dans les idées de Bent dont Cecil Rhodes était un fervent adepte — et ce fut la deuxième erreur qu'il commit dans sa vie. Mais peut-on s'étonner qu'ils s'y obstinent alors que c'est chez eux que la légende est née ? Elle devait plaire au fondateur de la Rhodésie qui rêvait de faire de sa création une nouvelle Ophir. La légende phénicienne est issue de l'imagination d'une femme. Car on sait que Mme Bent accompagna son mari à Zimbabye, et ceux qui l'ont connue se souviennent que c'était une femme remarquable... au point qu'elle portait les culottes.

Les ruines sans annales de la Rhodésie, comme les ruines sans annales d'Angkor, n'en restent pas moins une énigme. Le jour viendra-t-il où la lumière se fera complète ? Qui sait ? Il suffirait d'une inscription, d'une médaille, d'une pièce de monnaie.

Au revoir, Monomotapa !

CHAPITRE IX

____

Les chutes du Zambèze.

J'ai vu les chutes du Zambèze, réalisant ainsi un
de mes rêves d'enfance. Le Zambèze est un des trois
fleuves géants qui ont leur source en Afrique centrale.
Tributaire de l'Océan Indien, il rivalise avec le Nil,
qui porte ses eaux à la Méditerranée, et avec le Congo,
qui se déverse dans l'Atlantique. Comme les autres
fleuves africains, il n'est accessible aux grands
navires que jusqu'à peu de distance de la mer, à cause
des cataractes qui en divisent le cours. Et c'est la
raison pour laquelle le Haut-Zambèze, de même que
le Haut-Congo et le Haut-Nil sont de découverte toute
récente.

L'impression qu'on éprouve en arrivant au Zambèze est d'autant plus vive que le voyage souveraine-
ment monotone de Bulawayo au fleuve n'annonce
nullement le plus beau paysage qui soit en Afrique et
peut-être même dans les cinq parties du monde.
Pendant une centaine de lieues, le train marche sans

s'écarter de la ligne droite, à travers une plaine où un arbre, toujours le même, le *mapani*, se répète à l'infini, avec l'aspect desséché et rabougri que lui donne la saison sèche. Parfois, on traverse une prétendue rivière que symbolisent quelques flaques d'eau stagnante. De loin en loin, on s'arrête à une pauvre station où quelque colon, miné par la fièvre, vient contempler le passage du train. Cette partie de la Rhodésie est un pays de malaria et d'hématurie. Katuna, où nous passons, a été appelé par Livingstone « la Vallée de la Mort ». Une station dessert le fameux bassin houiller de Wankie, qui alimente de charbon industriel la Rhodésie et le Katanga. Ce nom de Wankie est celui d'un obscur chef indigène qui s'attendait peu à voir surgir des cheminées d'usine dans ce pays maussade où tout est d'un jaune brûlé pendant la saison sèche. Le charbon de Wankie, qui passe pour ne le céder qu'à celui du Pays de Galles et dont les gisements semblent être inépuisables, est une découverte précieuse pour la Rhodésie.

Et voici que, par un indicible contraste, on distingue au bout de ces heures mortelles, la lointaine ligne de verdure qui marque le cours du Zambèze, comme une oasis dans le désert. Les petits mapanis rabougris disparaissent comme par enchantement pour faire place à la plantureuse végétation du tropique. Partout se montrent le gracieux palmier, le lourd baobab et mille autres arbres vigoureux qui réfléchissent dans les eaux où ils se baignent un feuillage toujours vert.

Puis ce sont, à perte de vue, des prairies aux longues herbes, des mares aux roseaux géants, et toute la splendeur d'une flore tropicale annonçant le Zambèze. On distingue déjà le nuage qui flotte perpétuellement au-dessus du gouffre où s'engloutissent les cataractes et qui retombe en pluie sur les rochers toujours humides, pluie entretenant l'éternelle verdure de l'oasis. Pendant près d'une heure, on cotoie les premières gorges du Zambèze d'où s'échappent des vapeurs qui s'irisent au soleil et disent la présence du grand fleuve perdu dans les entrailles de la terre.

Et voici enfin *Victoriafalls*, où aboutit aujourd'hui la voie ferrée. On y a même construit un vaste hôtel situé à quelques pas du débarcadère. C'est bien l'hôtel style tropical, sans étage, avec des serviteurs hindous habillés de blanc et enturbannés et des punkas fonctionnant partout pour rafraîchir l'air, et des bains, et des douches froides, et des fauteuils à sieste sur la terrasse. Cet hôtel, qui convient pour un séjour prolongé au milieu d'une splendide nature, a reçu bien des visiteurs de marque qui ont laissé leurs noms dans le livre des voyageurs. J'occupe la chambre où coucha plus d'un hôte illustre. Comme je m'exclame sur l'absence de moustiquaire, on m'explique, à ma grande satisfaction, qu'il n'y a pas de moustiques à cause de l'agitation atmosphérique et de la saturation d'humidité que provoquent les cataractes.

De la terrasse de l'hôtel, on jouit d'un paysage

grandiose. Au bout d'un merveilleux parc naturel, on aperçoit, à quelque mille mètres de distance, le plus haut pont du monde, l'audacieux pont de fer jeté au-dessus des gorges du Zambèze, en face de la cataracte qu'on ne voit pas, mais dont on entend le sourd grondement. C'est un horizon d'une incomparable grandeur.

Après la grande chaleur du jour, je prends le chemin qui me mènera aux chutes en vingt minutes. Ce chemin court à travers une plaine nue et sans ombre. Au bout, un nuage monte qui semble sortir de terre, car le gouffre d'où s'échappe cette fumée du Zambèze reste invisible, et le bruit qui en sort est un bruit sourd et étouffé.

Ce n'est que lorsque j'arrive à la pointe du rocher qui surplombe l'abîme que je découvre les chutes. Il est cinq heures du soir. Le spectacle est le plus grandiose que l'œil de l'homme puisse contempler. Devant cette magnifique apparition, on est comme frappé de stupeur, la voix qui expire sur les lèvres ne peut que murmurer un hommage à Dieu. La scène dépasse tellement les proportions habituelles des paysages terrestres qu'on ne sait pas même la mesurer du regard. On se sent pénétré de cette émotion, de cette sorte de crainte religieuse qu'inspirent le sublime et le mystère. Le sublime, c'est toute une mer d'eau douce qui s'écroule et forme la plus formidable cataracte du monde. Le mystère, c'est qu'on ne voit ni d'où vient cette mer, ni où elle tombe, parce qu'il y a eu ici une convulsion terrestre dépassant toutes les conceptions de l'imagination. Devant d'autres merveilles du monde on éprouve moins d'étonnement, pour la raison qu'il n'y a point de voile. Ici, on ne comprend pas, pour la raison qu'on ne voit pas. On ne voit pas le cours supérieur du Zambèze parce que la muraille d'où la nappe s'élance est plus haute que la pointe qui lui fait face et d'où l'on contemple le saut du fleuve. Et si l'on voit les bords de l'abîme où les eaux s'engouffrent, on n'en peut sonder le fond, à cause des bouffées de vapeur qui s'en échappent perpétuellement comme d'une chaudière géante, en sorte que l'immense flot dont l'œil n'aperçoit pas l'issue paraît s'engloutir dans les profondeurs du centre de la terre.

Je me trouve devant le Zambèze à deux années, jour pour jour, de ma plus récente visite au Niagara. La comparaison m'est donc aisée. La cataracte du Zambèze écrase celle du Niagara de toute sa largeur, qui est double, et de toute sa hauteur, qui est presque triple. Quant à son débit, l'œil ne peut le mesurer, mais on peut penser de combien il dépasse celui de sa rivale. Il est aisé de se graver à jamais dans la rétine, d'un seul coup d'œil d'ensemble, les lignes si simples qu'offrent les chutes du Niagara. Mais les chutes du Zambèze ne se dévoilent pas entièrement au premier regard : elles demandent une exploration de plusieurs jours et des stations en différents postes d'observation éloignés les uns des autres de plusieurs kilomètres. On éprouve au premier abord l'impression qu'on se trouve jeté dans un monde inconnu, au milieu d'une nature démesurément grande et dépassant tellement en proportions et en imprévu tout ce que l'homme a jamais contemplé sur la planète, que les sens ne s'y adaptent pas tout de suite, et que ce n'est qu'au bout de quelque temps que l'âme peut s'élever à la compréhension de ce que l'œil voit. C'est comme un livre merveilleux qu'il faut lire et relire pour en comprendre le sens et la beauté.

La nature du terrain extraordinairement compliquée en ce point du cours du Zambèze ne contribue pas peu à dérouter le spectateur. Le fleuve, à trois cents lieues de son embouchure dans l'Océan Indien, déjà large comme le Nil, roule une puissante nappe d'eau qui se contracte et se rétrécit d'un tiers à l'approche de la cataracte. Mais même ainsi contractée, c'est encore une vaste masse liquide qui, le lit venant à lui manquer, disparaît subitement. Tandis que le cours du Niagara demeure visible après comme avant la chute, le Zambèze ne laisse aucune trace après qu'il s'est abîmé dans la gigantesque fissure volcanique qui a créé la cataracte. Cette fissure barre le cours du fleuve, le coupant à angle droit. Elle a à peine 300 mètres de large, mais elle s'étend sur une longueur de près de deux kilomètres et sa profondeur est de plus de 120 mètres. Une des parois de la fissure disparaît sous la nappe des eaux qui s'y engloutissent ; la paroi opposée surgit parallèlement, immense muraille de basalte qui se dresse verticalement de toute sa hauteur comme pour barrer la route au fleuve. Mais au fond de la fissure il existe une étroite issue où les eaux, affolées, se précipitent avec une vitesse incroyable et une furie délirante, se ramassent, se convulsionnent, et forment comme un Maelstrom d'eau douce. C'est la Chaudière, le « *Boiling Pot* ».

Là, commence cette fameuse gorge du Zambèze qui se poursuit en une interminable série de serpentements et de zigzags. M. Sykes, conservateur des chutes, a eu l'héroïsme d'explorer d'un bout à l'autre cette profonde fissure volcanique au fond de laquelle le Zambèze se tord et rugit entre deux murailles de basalte qui l'encaissent et l'étouffent pendant des heures et peut-être même des jours. A cette gorge aboutissent d'autres fissures tout aussi étroites, tout aussi profondes. En sorte que l'explorateur se trouve souvent arrêté par des murailles inaccessibles qui l'obligent à de longs détours pour contourner ces ravins infranchissables. Les indigènes ne connaissent sur toute la longueur de la gorge, que quatre voies d'accès, ou « portes », par lesquelles on puisse y pénétrer. Ce labyrinthe de ravins, ce chaos de rochers où la furie du flot zambézien s'est frayé un chemin tortueux et encaissé, est d'une noire désolation au milieu des splendeurs tropicales : aucune vie animale, aucune vie végétale ne peut s'épanouir dans ce sombre défilé dont la longueur est, dit-on, de 15 à 16 lieues.

On le voit, l'aspect topographique du Zambèze ne

se retrouve nulle part ailleurs. Il est merveilleux que
la grande déchirure qui a coupé le lit du fleuve n'en
ait point modifié le niveau. Une forêt prodigieuse,
la Forêt des Pluies, s'épanouit aujourd'hui là où jadis
coulait le fleuve. Tandis qu'au Niagara la région
située en amont des chutes domine celle située en
aval, la plaine que parcourt le Zambèze conserve après
le saut du fleuve la même altitude qu'elle avait au-
dessus des cataractes. Mais tandis que le fleuve
coulait à pleins bords avant sa descente, il se tord
maintenant entre deux murailles dont les corniches
le dominent de toute leur effroyable hauteur. Où donc
le fleuve roulait-il autrefois ses ondes à travers ce
pays plat ? C'est un mystère. Il n'a laissé la moindre
trace de son ancien lit. Il est impossible de conjecturer
quand eut lieu le grand bouleversement terrestre qui
fendit le cours du Zambèze. Livingstone, quand il
découvrit les chutes, hasarda l'opinion que l'événement devait être relativement récent dans les temps
géologiques. Quoiqu'il en soit, le fleuve coupé soudain
par l'effroyable fissure que les forces souterraines
ouvrirent en travers de son cours, se jeta dans cette
fissure, en suivit tous les zigzags qui semblent avoir
été coupés au ciseau, et en fit son nouveau lit où il
se tord à une profondeur de 120 mètres au-dessous
de la plaine unie qu'il parcourait autrefois. Et ce
fleuve, qui, en amont des chutes roulait majestueu-
sement des eaux paisibles, dès qu'il a fait le saut
fatal, se rue dans la gorge, se transforme soudain en

torrent géant, bondit en écume, rugit d'une voix rauque, ou râle, comme étouffé, entre deux murs de basalte aussi hauts que les pyramides d'Egypte. Les eaux, se souvenant de leur lit d'une demi-lieue de large, s'irritent de leur nouveau lit, qui, par endroits, n'a pas 50 mètres. A la saison des pluies, elles grossissent au point qu'elles montent à 20 mètres au-dessus du niveau des eaux basses.

Le nuage du Zambèze est un phénomène d'une impressionnante grandeur. Il s'élève à une hauteur prodigieuse. De très loin, l'œil l'aperçoit, avant même que l'oreille n'entende le bruit des chutes qu'assourdit l'insondable profondeur du gouffre. Le jour, il s'irise au soleil des couleurs de l'arc-en-ciel ; la nuit, à la clarté lunaire, c'est comme un immense cortège de fantômes mouvants. Quand l'air est calme, il forme cinq colonnes distinctes qui montent droit vers le ciel, et on l'appelle « les Cinq Doigts », le médius dépassant les autres en hauteur.

Ce nuage gigantesque se forme tout au fond de l'abîme. Le fleuve, en plongeant dans une étroite fissure, voit son élan subitement brisé par le rocher à pic qui barre sa route. Les eaux se résolvent alors en poussière, et cette poussière aqueuse, soulevée par les déplacements d'air que causent les convulsions de la cataracte, ne peut trouver d'issue qu'en se laissant emporter par les bouffées de vent qui par les jours les plus calmes naissent de la lutte formidable des vagues zambéziennes. Dans ce combat épique de l'onde et de l'air se forme le nuage qui monte éternellement vers le ciel sur toute l'étendue de la fissure et retombe en pluie sur la région d'alentour, favorisant cette plantureuse végétation tropicale qui donne au paysage toute sa magnificence.

Quelle surprise de trouver un pareil paysage au milieu d'une contrée brûlée, desséchée, abandonnée aux bêtes sauvages depuis que les Matabélés en massacrèrent les habitants ! Cette verte vallée du Zambèze est comme un Eden enchanteur au milieu de la monotonie et de l'aridité du plateau rhodésien .

J'aime à m'égarer dans la « Forêt des Pluies », dans cette verdure triomphante qui s'étend parallèlement à la cataracte, s'épanouissant sur toute la longueur du gouffre où s'abîme le fleuve, et couronnant de sa splendide fraîcheur la sombre muraille basaltique qui fait face à la chute dont elle reçoit l'éternelle rosée. On conçoit ce que peut être une forêt sous l'action combinée de la chaleur et de l'humidité. C'est un tel fouillis d'arbres et de lianes et de palmiers et de fougères, qu'on s'y trouverait arrêté à chaque pas devant la jungle impénétrable sans les pistes d'hippopotames qui la traversent en tous sens comme des tunnels de verdures. Il n'est ni manteau imperméable ni bottes de montagne qui puissent résister longtemps à la pluie qui tombe à grosses gouttes des branches et que les courants d'air chassent dans toutes les directions. Ces courants d'air règnent par les jours les plus calmes, à cause des

bouffées de vent que provoque la chute des eaux.
C'est la forêt où il pleut toujours, où il vente toujours.
Et pourtant, ce n'est pas la forêt telle qu'on se
l'imagine par un temps de pluie ou de tempête. L'air
ambiant y est transparent et lumineux. Les flèches
d'or du soleil tropical percent le rideau d'écume, et
une lumière diffuse règne dans l'atmosphère humide.
C'est comme si les rayons solaires étaient tamisés
par un léger voile de mousseline. Les gouttes de rosée
s'éparpillent sur les branches et les feuilles étincelantes comme des diamants, des émeraudes et des
rubis. Nulle part, l'arc-en-ciel n'a d'aussi splendides
couleurs, nulle part il n'offre des cercles aussi parfaits,
formant comme un halo qui accompagne le voyageur,
marche avec lui, s'arrête avec lui, et se tient si proche
qu'il semble qu'on n'ait qu'à étendre la main pour le
saisir.

Cette merveilleuse Forêt des Pluies m'a rappelé
les splendeurs des humides forêts javanaises. C'est la
même vigueur de ton dans le vert des herbes et des
fougères, la même richesse de coloris dans les fleurs,
la même inextricable confusion de plantes grimpantes,
de lianes et de liserons. Une forêt de rêve, une orgie
de végétation née de l'union du soleil avec les eaux.

Tout le long de cette forêt enchantée, on a ménagé
de distance en distance, des points de vue auxquels
aboutissent de petits sentiers. On peut ainsi gagner
le bord même du rocher qui surplombe la grande
crevasse, et l'on peut voir, de l'autre côté de la

crevasse, s'écrouler les eaux du Zambèze dans l'abîme dont les vapeurs cachent les profondeurs. Du fond de l'abîme s'élèvent de violentes bouffées d'air froid. Les embruns montent en tourbillons, et parfois d'énormes paquets d'eau viennent se briser à vos pieds et vous glacent jusqu'aux os.

Un des sentiers qui se détachent de la forêt mène à un promontoire auquel on a donné le nom de Pointe Périlleuse, car il faut avoir la tête exempte de vertige pour oser s'y risquer. Cette pointe occupe l'angle droit que fait la crevasse où s'engouffre la cataracte avec l'entrée de la gorge du Zambèze. Elle surplombe donc d'un côté la Chaudière où se donnent rendez-vous les eaux de toutes les chutes qui se déploient sur un front de bataille d'une demi-lieue, de l'autre, la sombre gorge où elles se ruent comme une blanche cavalerie qui fuit le champ du carnage. On y est comme assourdi par le tonnerre des eaux.

Il semble que dans ce tonnerre l'oreille perçoive deux bruits bien distincts : l'un, qui est la voix même de la cataracte, est un bruit sonore et retentissant ; l'autre, qui sort du fond de l'abîme, et qui semble n'être que l'écho du premier, rend des sons plus sourds, plus étouffés, qui racontent la tragédie qui se déroule dans la région cachée par le nuage du Zambèze.

Je n'ai pas osé m'attarder longtemps sur cette pointe qui tremble sous l'assaut de la cataracte et que balayent constamment les vagues chassées par de violentes bouffées. Il faut se cramponner à la roche ruisselante pour ne pas être entraîné dans le gouffre. On est comme aveuglé par les coups de vent subits qui vous lancent l'humide fumée de la Chaudière, on est comme assourdi par les rugissements des flots qui se brisent au pied du promontoire. Un coup de vent plus violent balaya un instant le rideau d'embruns qui cachait la Chaudière, et je pus voir tout le flot zambézien tourbillonnant au fond du gouffre. Aucune langue humaine ne pourrait traduire l'horreur de ce que j'eus là sous les yeux, pendant trois secondes, du haut de la pointe de rocher qui surplombe la Chaudière. Après cette vision dantesque, qui me restera toujours dans les yeux, j'eus hâte de fuir.

Dans la matinée du lendemain, j'explore une autre région. Si le climat du Zambèze est brûlant au point qu'à midi le thermomètre monte à 35°, les nuits, en revanche, sont assez fraîches pour qu'une couverture de laine soit la bienvenue. On se couche par 25°, on se lève par 15°. Il fait délicieusement frais quand, à 8 heures du matin, je me dirige à pied vers le pont du Zambèze. Je suis tout seul, car c'est aujourd'hui dimanche, et à aucun prix les Anglais n'exploreraient le Zambèze un dimanche. Je marche donc seul vers le pont qui est le point de mire du vaste panorama qu'on aperçoit de la terrasse de l'hôtel. Ce qui manque à ce paysage, c'est la verdure. Pour atteindre le pont, il faut franchir l'immense plateau brûlé, absolument dénué d'arbres et d'ombre, à travers lequel la gorge du Zambèze décrit ses innombrables zigzags.

C'est sur le premier zigzag et près de la naissance de la gorge qu'on a jeté le fameux pont de fer inauguré en 1904 avec sa voie ferrée qui peut-être un jour unira le Cap au Caire. Pour franchir le Zambèze en amont des chutes, il eût fallu un pont de 2.000 mètres de long ; en aval, il a suffi d'un pont de 200 mètres et d'une seule arche. Suivant le vœu qu'exprima Cecil Rhodes, le pont reçoit la rosée de la chute. Il franchit la gorge d'un bond, merveille de légèreté. On ne peut bien juger de sa hardiesse que lorsqu'on se tient au milieu, sur le tablier, et qu'on se penche sur le parapet. La vue donne le vertige. En face, c'est la nappe mouvante de la grande cataracte dont la poussière vient s'abattre sur le rail ; en bas, à 120 mètres au-dessous du tablier, c'est le flot zambézien qui étouffe entre deux murs de basalte noir et qui promène ses tourbillons verdâtres. Les eaux tournoient paresseusement comme si elles étaient étourdies du saut gigantesque. Leur teinte vert sombre trahit leur profondeur immense et laisse deviner le combat épique qui se passe sous la surface relativement calme. Le voyageur qui se rend à toute vapeur au Congo par la voie du Cap peut, du pont du chemin de fer, contempler pendant quelques minutes les chutes du Zambèze dont la gorge rétrécit le cadre. Le train marche d'ailleurs avec une prudente lenteur. Car dans les premiers temps un mouvement s'est

Embarquement à l'île Livingstone.

Notre cuisinier à Kandohar.

produit dans l'armature du pont, qui est descendu de quelques centimètres. Mais depuis lors, l'édifice est resté stable.

Au-delà du pont, je m'achemine vers la cataracte dont j'atteins bientôt l'extrémité orientale. Je trouve en cet endroit, sur un rocher au bord de l'abîme, un belvédère d'où l'on a une admirable vue des chutes. Telle est leur étendue que l'œil n'en embrasse que la partie orientale, celle dont le flot est le plus nourri. Là, le fleuve tombe en masse pesante, pour se diviser plus bas en mille blocs d'eau et se résoudre finalement en écume, comme une avalanche de neige qui s'éparpillerait en d'innombrables flocons. Ces flots d'écume qui remontent en colonnes aériennes couvrent d'un rideau le drame qui se passe au fond de la Chaudière. En face de la grande muraille à pic qui interrompt subitement le cours du fleuve se dresse comme un orgueilleux défi l'autre muraille dont les noires assises contrastent avec toute cette blancheur de neige et avec l'éclatante verdure de cette Forêt des Pluies où j'étais hier. Sur ces noires surfaces brillent une infinité de gracieuses cascatelles nées de la rosée qui dégoutte des arbres de la forêt : elles vont mourir au fond du gouffre pour en remonter bientôt sur les ailes du vent, absorbées par le nuage du Zambèze.

Ayant exploré la rive gauche du fleuve, j'ai repassé le pont de fer pour explorer la rive droite, et je me suis dirigé vers le Saut du Diable. On désigne sous ce nom une masse d'eau qui se précipite entre la terre ferme et l'île de la Cataracte, île qui l'isole de la masse d'eau principale. C'est de ce point, situé à l'extrémité de la grande fissure, qu'on a la meilleure vue d'ensemble des chutes. On embrasse d'un seul regard d'un côté la courbe de deux kilomètres d'étendue que forme le fleuve au moment où il s'engloutit dans l'abîme, de l'autre le prodigieux rempart de basalte que couronne la Forêt des Pluies. La nappe neigeuse de la cataracte n'est interrompue que par l'île Boarouka qui, toute proche, domine la Chute du Diable, et par l'île Livingstone, dont le nom indigène est Kazérouka, et qui occupe le centre de la ligne des chutes. Ces deux îles admirablement boisées sont perchées sur le bord même de la cataracte ; leurs contreforts rocheux tombent à pic dans l'abîme et font un tout avec la muraille d'où s'élancent les chutes.

Si l'on contemple de ce point la Forêt des Pluies, qui reçoit les embruns de la cataracte, on observe aux flancs des rochers mille petits ruisseaux blancs comme la neige, formés par la rosée que restitue la forêt, et l'on remarque alors que ces petites cascades, comme si elles avaient horreur du vide et refusaient d'aller se perdre au fond du gouffre, se dispersent dans l'air à mi-chemin de leur course, et remontent tout droit vers leur source, portées par les bouffées d'air froid qui soufflent des régions infé-rieures. Un long nuage blanc s'accroche aux cimes des arbres, qui, au soleil, prend les teintes les plus merveilleuses, et comme ce nuage bouge constamment, les teintes changent sans cesse. Souvent, un double arc-en-ciel déploie sa splendeur sur ce voile toujours mouvant et toujours changeant. Et comme ce voile ne présente pas d'horizon, l'arc-en-ciel y forme parfois un cercle parfait qui s'insère dans un autre cercle, chaque cercle ayant trois couleurs distinctes qui sont les compléments les unes des autres.

Quand on a vu de loin l'île Livingstone, si admirablement perchée au-dessus des chutes, on n'a plus qu'un désir, c'est d'y aborder en souvenir du grand voyageur qui y aborda le premier. A l'époque des hautes eaux, l'île est submergée et ne laisse voir que la cime des arbres ; dans la saison sèche où nous sommes, on peut y accoster.

Je ne suis pas seul dans cette excursion matinale. Le hasard m'a fait trouver une montre de prix au bord d'une anse du Zambèze. J'ai remis l'objet au bureau de l'hôtel, qui n'a pas tardé à en découvrir le propriétaire dans la personne d'un Ecossais attaché à la gare. Nous partons ensemble dans une petite voiture attelée d'une mule, qui nous mène à l'entrée du pont de fer. Nous traversons le pont à pied, et mon compagnon me fait remarquer ce qu'il appelle le « Silent Pool », le lac silencieux, où le Zambèze semble se recueillir après sa chute. Puis nous gagnons l'embarcadère à un point situé un peu en amont de la cataracte, et nous y trouvons une pirogue montée par quatre noirs de la tribu des Ba-rotsé, au crâne complètement rasé. Ils sont armés de courtes pagayes. Ce sont de vigoureux rameurs, de taille à lutter contre les courants qui pourraient faire dériver la pirogue et lui faire faire le tragique plongeon. Ils sont d'ailleurs familiarisés avec tous les dangers du Zambèze et savent comment manœuvrer pour éviter les écueils. Dix minutes de pagayage et nous atterrissons en lieu sûr, là même où atterrit Livingstone. Nous gagnons la partie de l'île orientée vers le gouffre. Encore quelques pas sur des dalles de basalte où courent mille petits canaux que nous franchissons en trébuchant, et nous atteignons un promontoire qui, au temps des hautes eaux, déverse un flot formidable. Nos noirs rameurs, dont le corps ruisselle sous les paquets d'eau, se couchent à plat ventre au bord de l'abîme qu'ils contemplent comme du haut d'un balcon, et nous nous hasardons à faire de même.

De tous les spectacles que j'ai contemplés sur la terre, je ne me rappelle que l'éruption du volcan de l'Asama-Yama, au Japon, qui m'ait inspiré un pareil sentiment de terreur. Là-bas, c'était le feu, ici c'est l'eau. Nous sommes au cœur même de l'effroyable déluge, nous sommes au bord de la plus grande cataracte du globe, nous la voyons s'engloutir à nos pieds dans le sombre gouffre dont l'autre bord se dresse en face. D'un jet de pierre par dessus le gouffre, nous pourrions atteindre la muraille opposée, et la pierre irait tomber au milieu de la verdoyante forêt qui s'épanouit à l'endroit même où était le lit du fleuve avant la déchirure. A gauche, à l'angle droit que fait la gorge de décharge avec la grande muraille qui coupe le cours du Zambèze, se forment les gigantesques remous de la « Chaudière » bouillante où les forces irrésistibles des eaux déchaînent ce que la langue des indigènes traduit mieux que toute description par le nom si expressif qu'ils donnent aux chutes du Zambèze, « Mosi-oa-Tounya » (la Fumée tonnante).

Au milieu de la verdoyante forêt de l'île Livingstone, je me suis arrêté longtemps devant un arbre que je n'aurais jamais pu trouver seul, mais dont mon compagnon connaissait la place. Avec quelle émotion j'ai lu sur l'écorce ces deux lettres encore à peine reconnaissables, D. L. ! Ces lettres grossièrement taillées évoquent le touchant souvenir de David Livingstone qui avoue dans son livre que c'est le seul endroit où, dans sa traversée de l'Afrique, il ait eu la vanité de graver son chiffre. Et moi, humble passant, oublierai-je jamais que je me suis reposé à l'ombre de l'arbre ! Sous cette même ombre se reposa le grand explorateur, heureux d'avoir découvert la merveille de l'Afrique à laquelle il donna le nom de sa souveraine. Dans peu d'années, les lettres auront disparu complètement, mais le nom de Livingstone leur survivra dans l'île où il aborda le premier, jusqu'au jour où les flots du Zambèze qui la minent lentement l'auront emportée dans les profondeurs de l'abîme.

Après l'écrasante chaleur de 35°, j'aime, au sortir de la sieste, à m'égarer dans les charmants bois qui bordent le Zambèze, ou à respirer la fraîcheur du fleuve au bord d'une anse délicieuse, ombragée de palmiers, où les noirs viennent se baigner à la tombée du jour en jetant mille cris d'enfants et sans se soucier des crocodiles. J'aime aussi à suivre les sentiers poudreux qui vont se perdre dans la brousse. Le pays semble désert, car il n'y a pas si longtemps que les Matabélés en ont exterminé les populations. Personne n'y passe. Quelquefois, j'y crois entendre quelqu'un siffler après moi : c'est le cri d'un oiseau qui imite à merveille le sifflement des noirs. Je reconnais aussi le cri langoureux de la tourterelle de l'Ouganda que j'ai entendu autrefois sur les bords du lac Victoria. Parmi les arbres de la campagne zambézienne, il n'en est point qui ait un aspect aussi étrange que le baobab : c'est bien l'arbre le plus lourd et le plus grotesque de la création. Il fait songer à l'éléphant. Je me suis arrêté devant un de ces baobabs qui est célèbre dans le pays à cause de ses colossales dimensions. Il est connu sous le nom de *big tree*. Le tronc en est couvert de centaines de noms, tout comme le tronc de nos hêtres géants. A l'époque où l'arbre porte ses fruits, il attire des bandes de babouins qui en sont très friands. Ce sont de grosses gousses de forme elliptique dont les pépins contiennent une substance blanche sucrée, d'un goût légèrement acide. Les palmiers du Zambèze offrent, par la hauteur et la sveltesse de leurs troncs, un frappant contraste avec les massifs et disgracieux baobabs : c'est la girafe auprès de l'éléphant.

Dans cette brousse où règne une chaleur moite, il y a quantité de mouches agressives et harcelantes. Pour me soustraire à leur importunité, j'ai gagné un estuaire du Zambèze situé en amont des chutes. Il règne là, sous les palmiers, une fraîcheur adorable. Le Zambèze, bordé de roseaux, semé de mille petits îlots boisés, se déploie comme un lac et me rappelle les premiers méandres du Nil à sa sortie du lac Victoria. Le fleuve, majestueux et calme, a un courant à peine perceptible à une demi-lieue du gouffre où il se jette, et c'est à peine si le lointain mugissement de la cataracte envoie jusque-là son écho affaibli.

Les oiseaux lançaient leurs dernières notes dans la mélancolie des soirs africains quand j'ai pris le chemin du retour, encore tout ébloui par la splendeur du soleil couchant que j'ai vu se noyer dans les eaux du Zambèze devenues de l'or en fusion.

Un autre soir, l'aimable Ecossais qui m'a montré l'arbre de Livingstone m'a proposé une excursion pédestre aux gorges du Zambèze. Après une demi-heure de marche à travers un plateau jauni et desséché, nous sommes au bord de la cinquième des innombrables gorges où s'encaisse le Zambèze depuis la cataracte jusqu'à la plaine où il retrouve son cours normal. On ne pourrait imaginer un site plus sévère. C'est la désolation même, à si peu de distance des forêts qu'arrosent les pluies de la cataracte. Mais cette aridité ne dure pas toute l'année. Ces rochers si nus verdissent dans la saison des pluies. Des arbres rabougris, des cactus y végètent actuellement. Hautes de 100 à 200 mètres, les rives du fleuve sont ici absolument impraticables à l'homme. Et pourtant elles ne sont pas désertes. Ces murailles qui défient l'escalade servent d'habitat à des tribus de babouins dont nous voyons les traces partout et dont nous entendons le cri qui rappelle à s'y méprendre l'aboiement du chien. Ces singes, grands comme l'orang-outang, sont d'une agilité surprenante, et prennent leurs ébats sur les rochers les plus inaccessibles. Nous entendons aussi le *bush baby*, dont le cri plaintif ressemble au vagissement d'un enfant. Sur le sol, nous trouvons des traces de cerfs qui ne se montrent, paraît-il, qu'au lever du soleil.

Une excursion à l'île Kandahar m'a révélé la beauté merveilleuse du Haut-Zambèze. Cette île est située à 16 kilomètres en amont des chutes. Je m'embarque avec une compagnie de touristes sur un petit canot muni d'un moteur à essence qui file ses 15 kilomètres à l'heure. Comme l'excursion doit prendre toute une journée, on emporte des provisions dans une pirogue montée par des pagayeurs indigènes.

Nous partons à 10 heures du matin d'un point situé à 300 mètres au-dessus des chutes. Le Zambèze en cet endroit a environ 2.000 mètres de large Il s'y forme de petits tourbillons et des remous. A cette époque de l'année les eaux sont basses. Le fleuve est balisé par des poteaux blancs qui servent de perchoirs aux nombreux cormorans qui guettent leur proie sous les eaux. Nous laissons derrière nous le nuage du Zambèze. Par cette journée calme, montent droit vers le ciel les cinq colonnes, les *cinco dedos* des Portugais. Bientôt, nous les perdons de vue, et nous voilà voguant entre des îles ravissantes, corbeilles de verdure où de sveltes palmiers dominent de leurs panaches aériens des fourrés épais. Des roseaux, des ajoncs, de grandes herbes se balancent d'une île à l'autre. Le feuillage se reflète si nettement dans le fleuve, qu'on n'aperçoit pas la ligne de démarcation entre la terre et les eaux.

Au premier abord, on ne voit pas trace de vie animale dans ces îles paradisiaques. Mais quand on côtoie les rives de près, on entend jaser dans les branches des oiseaux au merveilleux plumage, on voit s'échapper des roseaux des oiseaux aquatiques et l'aigle pêcheur prendre son majestueux vol. Ce que nous prenons de loin pour des roches émergeant de l'eau se met à bouger à notre approche, et nous reconnaissons des hippopotames se chauffant au soleil : les uns sortent leur tête de l'eau, les autres plongent dans la vase. Une mère porte son petit sur le dos, tandis que le père baille en ouvrant ses formidables mâchoires garnies de dents capables de broyer une pirogue. Aussi les indigènes ont-ils pour ces amphibies un grand respect. Parfois aussi, le bruit de notre passage met l'émoi parmi les crocodiles qui sommeillaient sur les rochers à fleur d'eau. Sans nos noirs, doués d'une vue infiniment plus perçante que la nôtre, nous aurions grand peine à découvrir ces sauriens, plus sournois que les hippopotames. Il a été question un jour d'exterminer jusqu'au dernier hippopotame et crocodile ; mais comme ils sont inoffensifs quand on ne les provoque pas, et qu'après tout ils contribuent à la couleur locale du Zambèze, on fit droit aux protestations des sportmen.

L'île Kandahar, où nous débarquons au bout d'une heure et demie, est une de ces îles de rêve comme il ne devait s'en trouver que dans le plus beau des quatre fleuves qui arrosaient le paradis terrestre. La végétation tropicale s'y étale dans toute sa luxuriance. Elle n'est pas aussi dense que dans les forêts de Ceylan et de Java, l'ombre n'y est pas aussi épaisse, et c'est ce qui en fait le charme, parce qu'on y voit percer çà et là des rayons de soleil. Il y a là des arbres singuliers, bien exotiques, que je vois pour la première fois, tels que l'arbre qu'un de mes compagnons appelle *Casengorus*. Il y a l'oranger cafre : un petit Anglo-Saxon, qui n'a que sept ans, y grimpe avec l'agilité d'un singe pour nous en cueillir les fruits succulents. Il y a beaucoup d'espèces de palmiers parmi lesquelles le gracieux latanier. Il y a surtout un intéressant palmier qui produit l'ivoire végétal, et dont le précieux fruit croît à dix mètres de hauteur. Doués d'une force et d'une adresse merveilleuses, nos noirs parviennent à l'abattre avec des bâtons qu'ils lancent dans l'air. Le fruit ressemble à une orange, mais, sous l'enveloppe, on trouve une substance dure qui a l'aspect de l'ivoire. Nous parcourons dans tous les sens cette île adorable, marchant sur une épaisse couche de paille que laisse l'herbe jaunie par la saison sèche. Nous voyons voler au soleil de merveilleux papillons. Ce qui me frappe toujours, ici comme dans les forêts que je parcourais naguère dans l'Ouganda, c'est le silence qui y règne à l'heure où le soleil est au zénith : on n'entend que la voix mélancolique de la tourterelle et le cri monotone de la cigale.

Pendant que nous explorons l'île, les noirs ont préparé le déjeuner. Près de l'embarcadère, une table est dressée sous un rustique toit de feuilles. Sur une nappe toute blanche, les couverts sont mis, les viandes froides sont servies, la bière et le vin sont versés, et aussi l'eau du Zambèze qui est bonne à boire, comme celle du Nil. Et nous déjeunons *al fresco*, sous les gigantesques roseaux du Zambèze qui n'ont pas moins de quatre mètres de haut. L'air frais du fleuve nous a ouvert l'appétit. Un kodak prend le tableau et les noirs regardent bouche bée. Au retour, nous faisons escale à mi-chemin dans l'île Kalyl, car pour rien au monde des Anglais n'oublieraient l'heure du thé. Pour faire bouillir l'eau du fleuve, les noirs mettent le feu à des branches sèches. La nappe est mise sur l'herbe et nous prenons le thé couchés par terre. Une vraie scène biblique. Après ce dernier épisode, nous nous rembarquons dans la chaloupe, et bientôt nous reconnaissons à l'horizon le nuage de la cataracte.

Cette vue du Haut-Zambèze par le glorieux soleil d'Afrique laisse un souvenir enchanteur. « Quelle belle rivière ! » s'écrie ravi un de mes compagnons qui a navigué sur l'Amazone. D'après lui, le Zambèze ne le cède pas en beauté au grand fleuve de l'Amérique équatoriale. J'ai vu le Nil et le Fleuve Bleu, et je leur préfère, pour son idéale beauté, ce Zambèze dont Livingstone disait que « les anges devaient s'arrêter dans leur vol pour l'admirer. »

Près des chutes Victoria a poussé une ville qui compte aujourd'hui 450 Européens et qui a été baptisée du nom illustre de Livingstone. C'est le chef-lieu de la Rhodésie nord-occidentale. Elle est située sur la rive gauche du Zambèze, au-delà du pont métallique dont elle est distante de deux kilomètres. Fondée par Cecil Rhodes, dont l'inlassable initiative se retrouve partout, du Cap au Zambèze, et jusqu'aux frontières du Congo, cette ville m'a rappelé Entebbe, la mignonne capitale de l'Ouganda. Ce sont les mêmes larges et longues avenues se croisant à angle droit, plantées de palmiers et de papayers, bordées de petites maisons basses aux toits en tôle ondulée. On y rencontre, comme au pays des Boers, des chariots attelés de seize bœufs. Et comme cette ville aux distances magnifiques n'est encore qu'à l'état embryonnaire, on parcourt des espaces de 500 mètres sans rencontrer une maison. Ce n'est qu'une sorte de campement qui attend les rues futures. Aux étalages des rares magasins on voit des peaux de lion et de panthère, des cornes de cerf et d'antilope. Recevant tour à tour les ardeurs du soleil du tropique et les brumes du Zambèze, le site passe pour insalubre, et les blancs ne peuvent s'y acclimater qu'en payant tribut à la malaria et à l'hématurie qui règnent dans les régions basses de la Rhodésie.

Un Albanais établi à Livingstone comme éleveur m'a invité à prendre le thé. Il a souffert des fièvres pendant trois mois, et depuis lors un long séjour l'a immunisé. Son habitation se compose d'une unique chambre dont les seuls meubles sont un lit de fer, un lavabo, deux tables et quelques chaises. Un roman de Dickens, « David Copperfield », constitue toute sa bibliothèque. Et je n'ai jamais vu un homme plus satisfait de son sort. Comme nous devisons, voici qu'entrent trois paysans par la porte restée ouverte. A leur manière d'entrer à pas comptés, d'un air entendu, l'un suivant l'autre dans le plus grand mutisme, on reconnaît des Flamands. S'étant emparés chacun d'une chaise, ils viennent s'attabler auprès de nous, attendant qu'on leur serve leur verre de bière par cette chaleur qui leur a donné soif. Quand du dehors ils nous ont vus prenant le thé, ils se sont dit :

« Voici un café, entrons ! » Comme ils ne connaissent pas un mot d'anglais, rien ne pourrait les faire revenir de leur erreur. Je me charge de leur expliquer qu'ils ne peuvent attendre de l'amabilité du maître de céans qu'une tasse de thé. « Non, nous voulons un verre de bière ! » répondent-ils en chœur. Et ces braves paysans sortent du même pas méthodique dont ils sont entrés, fort étonnés qu'au pays des hippopotames et des crocodiles il n'y ait pas un seul estaminet où l'on puisse se désaltérer par un chaleur de 36°. De passage à Livingstone pour se rendre au Congo belge, ils aspirent à arriver à Elisabethville, où ils ont entendu·dire qu'il y a de la bière et qu'il fait moins chaud qu'en Rhodésie.

Quand plus tard j'évoquerai la grande merveille du monde, toujours me hantera l'image joyeuse de ces trois paysans qui n'ont vu les chutes Victoria que de loin et dont l'idéal était de voir de près un verre de bière.

La petite ville de Livingstone, qui est encore dans les langes, peut être appelée à de grandes destinées si l'on parvient à la soustraire à la malaria. Les Américains ont fondé en face du Niagara une ville à laquelle ils ont donné le nom de Niagarafalls. Ce n'était qu'un petit village, lors de mon premier voyage en Amérique. Lors de mon dernier voyage, j'y ai trouvé une ville florissante de 30.000 habitants. Pendant longtemps l'affluence des étrangers fut sa seule source de prospérité; mais elle s'est transformée rapidement en un centre manufacturier depuis qu'on utilise l'immense force motrice des cataractes. Qui sait ? La petite ville de Livingstone trouvera peut-être un jour la même source de prospérité.

Voilà ce que ne prévoyait guère le docteur Living-stone lorsqu'il découvrit, le 17 novembre 1855, les chutes du Zambèze dont on n'avait jamais entendu parler. S'il revenait au monde, il serait stupéfait d'apprendre que les chutes du Zambèze ne sont plus aujourd'hui qu'à vingt-trois jours de Londres et que des flots de visiteurs y accourent de toutes les parties du monde.

Déjà l'aspect des lieux se transforme, et il faut bien se résigner à accepter l'idée que dans quelques années la description qu'en a faite le docteur Livingstone aura cessé d'être exacte et ne sera plus qu'une intéressante page du passé, tout comme la célèbre page que nous a laissée Chateaubriand quand il visita le Niagara en 1791.

Que ceux qui veulent voir les chutes du Zambèze dans leur virginité se hâtent. Car le jour est proche où le barbare qui sommeille chez l'homme civilisé les violera brutalement. Les chutes Victoria sont la plus grande force motrice de l'univers. On estime que pendant la saison des hautes eaux il se perd une force hydraulique de 35 millions de chevaux. On comprend de quelle valeur serait pour la Rhodésie l'utilisation d'une partie de cette force énorme pour la production

de l'électricité en vue des travaux des mines et de
l'éclairage des villes.

Mais qui ne maudirait la civilisation capable
d'accomplir un tel sacrilège ! Les mânes du grand
Livingstone en tressailliraient dans la tombe, pendant
que celles de Cecil Rhodes exulteraient dans la sienne.

CHAPITRE X

Du Zambèze au Katanga.

C'est à Livingstone que j'ai repris le train pour pousser une pointe jusqu'au lointain Katanga resté pendant si longtemps une des contrées les plus mystérieuses de l'Afrique. Aujourd'hui que le réseau des chemins de fer rhodésiens se prolonge jusqu'à la frontière du Congo belge, une visite à Elisabethville, la jeune capitale du Katanga, est le complément obligé d'un voyage au Zambèze.

Quand on a franchi le fleuve, on aborde une contrée offrant un heureux contraste avec la souveraine monotonie des plaines de la Rhodésie méridionale. A mesure qu'on gagne le nord et qu'on se rapproche de l'Afrique équatoriale, le paysage change de caractère, les arbres sont plus grands, plus denses, n'ont plus l'aspect rabougri qu'ils avaient au sud du fleuve. L'herbe aussi est plus haute, mais toujours d'un jaune triste dans cette saison sèche. Quand il fait nuit on aperçoit fréquemment de grands feux d'herbes que les indigènes allument pour favoriser la pousse de nouveaux herbages à la prochaine saison des pluies. Ces incendies, qui dévorent d'immenses étendues de prairie, sont un spectacle infiniment grandiose dans la splendeur des nuits tropicales. Cette partie de la Rhodésie passe pour très fertile et offre des pâturages excellents. Ce sont ces beaux pâturages qui ont décidé trois cents familles boers à s'établir à Lusaka. Et peu à peu, cette race prolifique est en train de faire souche en Rhodésie. Ils se construisent des habitations à toitures en tôle ondulée, établies sur pilotis, et les protègent contre les moustiques au moyen de toiles métalliques.

La rivière de Kafui est imposante, même après le Zambèze. On la franchit sur un pont de fer de 400 mètres de long. Pendant que la machine fait du charbon, nous traversons le pont à pied pour aller attendre le train de l'autre côté de la rivière. Il est midi. Tandis que le soleil, chauffé à blanc, déverse sur nos têtes une chaleur de fournaise, la rivière nous envoie la brise fraîche de ses eaux claires peuplées de crocodiles et d'hippopotames et infestées de nuées de moustiques. Les rives sont dominées par de gracieuses collines où apparaissent çà et là les premières plaques de verdure. J'ai vu en Afrique peu de paysages aussi harmonieux. De beaux types d'hommes et de femmes Matabélés, aux épaules bien découplées, habitent des huttes rondes à toiture cônique, en terre blanchie. C'est dans ces huttes toutes primitives qu'aimait à s'abriter Cecil Rhodes à l'époque où le voyage se faisait en char à bœufs. Indigènes, huttes, arbres, collines, tout, jusqu'à la couleur jaune du sol brûlé par des mois de sécheresse, tout a un aspect franchement africain. Seul le clair chant du coq évoque nos campagnes.

Le lendemain matin nous sommes à Chandwe, au milieu d'un pays bien arboré. Les noirs quittent leurs huttes blanches pour venir voir le passage du train, distraction qui leur est offerte deux fois par semaine. Des petits pains leur sont lancés par les fenêtres des voitures, et alors ce sont d'amusantes scène de pugilat. Le vainqueur ne manque d'ailleurs jamais de partager fraternellement son butin, et c'est ainsi partout où nous passons. Les noirs sont bons les uns pour les autres.

Bientôt commence la pénible ascension de la voie vers la frontière du Katanga, formée par la ligne de faîte qui sépare le bassin du Zambèze de celui du Congo. Pendant des heures, le train marche à l'allure du pas de l'homme. Le train est d'ailleurs d'une longueur invraisemblable, avec ses wagons à bestiaux. Longs et fréquents sont les arrêts auprès des piles de bois dont s'alimente la machine.

La dernière station de la Rhodésie est Broken-Hill, la plus triste des stations : quelques maisonnettes, quelques huttes côniques au milieu d'une plaine désertique que borne une colline basse. Mais cette station, pour laquelle fut détourné vers le nord-ouest le chemin de fer du Cap au Caire, doit son existence à des gisements de cuivre, de plomb et de zinc, dont l'alliage est de telle nature que la métallurgie n'a pu encore trouver le moyen de séparer les métaux. Et voilà pourquoi cette station n'a pas répondu aux espérances qu'on avait fondées sur elle. Ici s'arrêtait le rail lorsque le prince Albert, le futur roi des Belges, entreprit sa traversée de l'Afrique. C'est d'ici que l'auguste voyageur gagna, en 1909, le Katanga, franchissant à pied, à cheval, à bicyclette, les cent lieues qui séparaient le bout du rail d'Elisabethville. L'énergie qu'il déploya en cette circonstance, comme celle qu'il avait déjà déployée en gravissant les cimes les plus inaccessibles des Alpes, révélait déjà le héros indomptable de l'Yser (le fleuve de fer, suivant l'étymologie), où le noble prince montra de quelle trempe de fer il était.

La frontière belge n'est pas loin de Broken-Hill. Nous la franchissons aux doux accents de la Brabançonne, et une heure après nous sommes à Sakania, le premier poste du Katanga, à 1.500 mètres d'altitude, sur la ligne de partage des eaux des deux fleuves géants. Le drapeau belge flotte sur la gare, où nous trouvons sous la véranda une température de 31° centigrades. Le personnel est en costume blanc, coiffé du casque tropical. La chaleur me paraît bien plus forte qu'en Rhodésie. On me dit, il est vrai, qu'elle a éclaté subitement, et que la semaine dernière on supportait encore une couverture de nuit. L'administrateur territorial nous invite aimablement à passer au bureau d'immatriculation, et notre arrivée est immédiatement signalée par le télégraphe au gouvernement d'Elisabethville.

J'avais parcouru l'Afrique en tous sens, depuis le Natal et le Zoulouland jusqu'aux sources du Nil; mais toujours je m'étais trouvé en colonies étrangères. Et nulle part je n'avais éprouvé cette douce impression de chez soi que je ressentais pour la première fois à Sakania, en dînant dans un modeste chalet en bois, de style norvégien, qui sert de buffet. Un dîner bien africain pourtant, composé d'une poule filandreuse et d'un morceau de chèvre aux patates douces, servi, naturellement, par un stewart du plus beau noir. Mais quelle joie de parler français ! Il me semblait que je respirais plus à l'aise, et la frontière franchie, je me sentais comme délivré de cette sensation de dépaysement qui vous oppresse sous des cieux étrangers.

Je cause avec les agents établis dans le petit chef-lieu de l'immense district qui est la région de transit entre le Congo et les deux Rhodésies. Beaucoup d'Anglais y passent qui n'ont pu faire fortune en Rhodésie, et aussi beaucoup de Juifs qui sont toujours à la recherche de pays neufs. Le Juif est la plaie du Katanga. Ils sont tous d'origine allemande. L'un d'eux s'est établi, sans autre forme de procès, dans la propriété de trente hectares d'un colon qui n'a aucun moyen de l'expulser pour le motif qu'il n'y a pas un seul magistrat dans le district de

Sakania. Il n'a pu que porter plainte au Procureur général d'Elisabethville, et il faudra quinze jours pour obtenir justice. De Sakania à Elisabethville, la distance est de 250 kilomètres, et il n'y a que deux trains par semaine. Il n'y a dans cet immense district que deux fonctionnaires blancs : l'administrateur territorial et un commissaire de police. Il y a en outre un agent des postes et deux percepteurs d'impôts. Il n'y a qu'un seul blanc à la douane de Kalonga. Et cette région passe pour être la plus peuplée du Katanga. On comprend que cette vie d'exil et d'isolement exerce une déprimante influence, surtout chez les célibataires. J'assiste à un concert de plaintes dans le poste-frontière du Katanga, où il n'y a ni club, ni cinéma, où l'unique distraction est l'arrivée du train. Je comprends ces doléances sans trop les partager. L'abus du fonctionnarisme est la plaie des colonies. On l'a vu à Madagascar, où, au début de la conquête, on envoya huit inspecteurs des Eaux et Forêts. Et j'avoue, après tout, que Sakania n'est pas encore le paradis où je voudrais vivre, et que j'en pars avec bonheur après deux heures d'arrêt.

Il est deux heures quand le train s'ébranle par une chaleur de Sénégal. Les voitures belges, à couloir latéral, sont du même type que les voitures de Rhodésie, avec en plus, aux fenêtres, des toiles métalliques destinées à protéger le voyageur contre la poussière et les moustiques et aussi contre les flammèches de la machine dont la chaudière consomme du bois.

Le train court à travers le merveilleux paysage du Katanga. C'est un jardin africain. Du haut des crêtes, l'œil plonge sur un océan de forêts où des teintes automnales, taches rouges et couleur de rouille, apparaissent çà et là dans la somptueuse verdure qui s'étend à l'infini. Pensez que la Belgique surpeuplée peut disposer de ces immenses étendues désertes où peut-être s'élèveront un jour des villes et des villages. Ces vastes solitudes sylvestres ne sont pourtant pas complètement inhabitées, car çà et là une fumée bleuâtre flotte sur les cimes des arbres, qui dénote la présence de quelque hutte. Ce qui donne à ce paysage grandiose un aspect bien africain, ce sont les innombrables termitières, la plupart construites autour des arbres dont le tronc semble émerger de ces monticules. Elles ont des proportions colossales, comme celles que j'ai vues dans l'Ouganda. Et elles sont si nombreuses que le tracé de la voie n'en tient pas compte. Le train les coupe, courant entre les deux parois d'une tranchée pratiquée à travers l'obstacle. Le long de la voie gisent comme des cadavres les arbres qu'il a fallu livrer aux flammes pour le tracé, et qui ne sont pas entièrement consumés.

Rien n'a dû être plus malaisé que d'établir un tracé à travers la forêt du Katanga. Il n'y a pas, il est vrai, de taillis, mais partout la forêt masque l'horizon, et ce difficile tracé fait grand honneur à ses auteurs. La ligne a été construite avec une telle précipitation qu'elle devra être refaite sur une grande partie du parcours. Certains jours, les noirs posaient jusqu'à cinq kilomètres de rail en vingt-quatre heures. La rapidité avec laquelle le célèbre constructeur de chemins de fer Pauling mena le rail de Broken-Hill à Elisabethville prouve que les indigènes n'ont nul besoin de contrainte pour être poussés au travail : il suffit qu'ils y soient stimulés par l'appât du salaire. Sans doute ils ne fournissent pas la même quantité ni la même qualité de travail que les blancs ; mais ils savent tout de même travailler. La paresse du noir est une légende qui n'a que trop longtemps duré.

A dix heures du soir le soleil se couche dans sa gloire sur la mer de forêts qui s'étend à perte de vue. Dans un ciel sans nuages l'astre a des éblouissements d'or en fusion. Et devant cette mélancolie des soirs, j'éprouve l'impression d'être immensément loin de l'Europe. Avec le coucher du soleil, la chaleur s'apaise et on se sent pénétré d'une délicieuse sensation de fraîcheur. Le crépuscule ne dure qu'un instant, et la nuit succède au jour en quelques minutes. Dans le ciel d'une incomparable splendeur, la belle constellation de la Croix du Sud brille de tout son éclat.

Les dernières heures du voyage paraissent bien longues. Le parcours de 250 kilomètres de Sakania à Elisabethville se fait en dix heures. Cette marche de 25 kilomètres à l'heure est celle des chemins de fer d'Afrique ; mais ici comme sur les chemins de fer de l'Ouganda il n'y a pas de couchettes ni d'objets de literie, et la nuit semble bien longue, même quand on arrive à destination à une heure du matin. Depuis l'inauguration du chemin de fer, il est de tradition d'arriver à Elisabethville à cette heure absurde, personne n'a jamais su pourquoi. Comme il fait nuit, il faut bien rester tranquillement étendu sur sa banquette jusqu'à l'heure du lever du soleil.

Les nuits sont fraîches dans le Haut-Katanga ! C'est par une température de 12° que je descends du train en gare d'Elisabethville et que je gagne à pied le Grand Hôtel dont le nom m'a séduit. La chose, hélas ! ne répond guère à l'étiquette. Bien que tenue par un Suisse, cette gargotte à vingt francs par jour est lamentable. Ses chambres, établies à même le sol, sont de vrais nids de rhumatismes. On peut se consoler par des repas composés de mets douteux aux sauces mélangées de fourmis, avec de mauvais vins à 12 francs la bouteille ou de mauvaise bière à 2 fr. 50 le verre.

CHAPITRE XI

Elisabethville.

Allons courir la ville dont l'heureux nom de baptême est celui de la gracieuse reine des Belges.

Voilà qui est étrange. J'ai beau chercher la ville, je ne la trouve pas. Je vois bien de somptueuses avenues tracées à travers la verdure des bois, mais où sont les rues, où sont les maisons ? A peine si j'aperçois çà et là un rare passant dans la personne d'un noir, mais pas un seul blanc à qui je puisse demander où est la ville. Où est donc cette ville introuvable ? Vous y êtes sans vous en douter. Vous voyez une forêt : c'est la ville. Vous cherchez la ville, c'est la forêt. La capitale du Katanga réalise, comme Batavia, le type idéal de la cité tropicale. Ce que vous prenez pour les avenues d'un parc, ce sont les rues. Ce que vous prenez pour des villas ou des cottages anglais, ce sont les maisons, éparpillées çà et là, dispersées comme des maisons de campagne. Ce n'est pas tout à fait le **rus in urbe** que rêvait Horace, c'est la ville-forêt ou la forêt-ville. C'est la ville aux larges et longues avenues pleines de poussière dans la saison sèche, pleines de boue dans la saison des pluies. Nous sommes dans la saison sèche, et à en juger par la poussière calamiteuse qui règne en souveraine, on peut s'imaginer ce que doit être le fléau de la boue à l'époque des pluies tropicales.

Elisabethville, la ville-forêt, n'est pas pour cela une ville ombragée, et en cela elle diffère de Batavia dont la prodigieuse sève végétale défie les ardeurs du soleil équatorial. La forêt d'Elisabethville n'a pas d'épais feuillage et ne donne pas d'ombre. Les arbres sont assez clairsemés et n'offrent pas au promeneur une protection suffisante contre le terrible soleil africain. Les avenues, d'une largeur invraisemblable, sont trop copieusement ensoleillées.

Mon premier soin est de présenter mes devoirs au gouverneur du Katanga, le colonel Tombeur. A Elisabethville il n'y a ni voitures ni pousse-pousse. Le seul mode de locomotion est la bicyclette. Comme je ne suis pas cycliste, c'est à pied que je me rends au palais du gouvernement. Il me faut traverser la ville entière, ce qui demande une grande demi-heure de marche. Car Elisabethville est, comme Pékin, la ville aux distances magnifiques, aux interminables avenues. Toutes ces avenues aboutissent à la place royale, centre de la ville, vaste octogone où sont distribués différents édifices qui ont vraiment grand air, le cercle, le palais du Procureur général, la banque congolaise. Tous ces édifices sont solidement bâtis en briques. Le plus remarquable est le cercle Albert-

Elisabeth, dont la façade monumentale est ornée de
l'écusson belge. Il y a, d'ailleurs, beaucoup de confortables maisons en briques. Au-delà de la place royale,
je m'égare complètement et suis réduit à aller demander chez les Pères Salésiens un boy qui me conduit
chez Boula-Matari, car c'est sous ce nom que tous les
noirs désignent les gouverneurs du Congo depuis les
jours lointains où Stanley leur apparut comme un
« casseur de pierres ».

Je suis reçu par l'aimable secrétaire du gouvernement, M. Georges Woeste, qui a déjà été prévenu de
mon arrivée par le bureau d'immatriculation de Sakania. Il me demande avidement des nouvelles d'Europe
et s'informe des siens qu'il n'a plus revus depuis des
années. Son terme vient d'être prorogé. Il jouit d'une
santé florissante qu'il prétend devoir à l'usage de la
quinine dont il est un fervent adepte. Il m'introduit
auprès du gouverneur. Celui-ci me reçoit en uniforme
militaire, dans son cabinet de travail. Il veut bien me
rappeler qu'il m'a connu à Bruxelles et me comble en
me retenant à dîner, le soir, au club, avec le sympathique père de Hemptinne, des Bénédictins. Je ne me
doutais pas alors que le colonel Tombeur allait gagner
bientôt son grade de général sur les champs de
bataille d'Afrique et qu'il conquerrait le glorieux
sobriquet de « tombeur de l'ennemi ».

En sortant du palais du gouverneur, je me suis
retrouvé dans les allées du parc magnifique qui fait
de cette résidence le joyau d'Elisabethville. Grandiose

est le panorama qu'on embrasse du haut de la terrasse. Les monts lointains du Katanga se déroulent à l'horizon, avec leur sombre chevelure de forêts dont les tons violets se détachent dans l'éblouissante lumière du ciel africain. Pourquoi n'a-t-on pas ménagé des fenêtres comme celle-là en d'autres points de la ville ? Elles rompraient la monotonie de la forêt, elles donneraient de l'air, elles ouvriraient au regard de lointaines échappées sur des horizons infinis comme ceux qui se déroulent le long du chemin de fer du Katanga. Dans un pays aussi accidenté il suffirait de faire çà et là une éclaircie pour créer de splendides perspectives comme n'en ont point les villes de plaine de la Rhodésie. Mais le gouverneur Wangermée, qui présida à la création d'Elisabethville, avait le culte des arbres, et s'opposait à ce qu'on en abattît un seul. Ce respect excessif se comprendrait pour les merveilleuses forêts de l'Ouganda qui m'inspirèrent tant d'admiration, mais les arbres du Haut-Katanga, qui présentent l'aspect monotone de nos pins maritimes et qui sont avares d'ombre, sont-ils vraiment dignes d'un pareil culte ?

Née d'hier, Elisabethville est une cité en voie de formation. Et pourtant elle a déjà des monuments. Et elle les avait avant même que de naître, monuments prodigieux édifiés non par les hommes mais par les fourmis. Si l'Egypte a ses pyramides, Elisabethville a ses termitières. Imaginez des monticules de terre rouge qui atteignent jusqu'à quatre mètres

de hauteur, surgissant tantôt sur le bord de l'avenue,
tantôt au milieu d'une place publique. Vous ne pouvez
faire cent pas saɪ s en rencontrer qui vous barrent le
passage. Tantôt l'avenue contourne l'obstacle, tantôt
elle le coupe. Et l'on se demande combien de myriades
de fourmis ont édifié ces orgueilleux monuments. Un
particulier ingénieux a eu l'idée pratique d'en creuser
un pour en utiliser les cellules en guise de cave.

De même qu'à Batavia il y a le kampong malais et
le quartier chinois, de même à Elisabethville il y a
la cité indigène complètement séparée de la ville européenne. On l'appelle européenne parce qu'elle n'a pas
que des Belges, mais aussi nombre d'Anglais, de Rhodésiens, de Russes, de Scandinaves, de Turcs, de
Grecs et surtout de juifs de toutes les nations. Le
type de la ville cosmopolite ! La cité indigène est
moins mêlée : on n'y voit que produits de pure race
africaine et du plus beau noir. Disposée sur un plan
très régulier, cette cité indigène se compose de longues allées tracées au cordeau, se coupant à angle
droit et bordées de huttes carrées en terre, toutes
construites de la même façon. J'ai pour aimable cicerone un magistrat de l'ordre judiciaire qui, en cette
qualité, connaît tous les indigènes qu'il désigne par
leurs noms, familiarité qui m'a paru un peu excessive
de la part d'un juge envers des justiciables de couleur.
Il m'introduit dans une hutte où nous trouvons une
jeune beauté noire qui nous fait un aimable accueil
en l'absence de son mari. La hutte est propre et

bien entretenue. Elle est d'ailleurs d'une simplicité qui montre combien le noir ignore les mille besoins du blanc : un lit en bois et un banc en constituent tout le mobilier, et la terre battue sert de plancher. Heureux les primitifs qui ne connaissent pas les complications de la vie civilisée !

En sortant de la hutte, nous échangeons nos réflexions. Mon cicerone me dit que le noir gagne à être connu de près. N'est-ce pas M. Henri Rolin qui estime que le noir, sous le rapport moral, vaut souvent plus que le blanc ? Le mépris du blanc pour le noir ne serait-il donc qu'une orgueilleuse incompréhension de cette âme indigène que nous prétendons relever de ce que nous appelons sa déchéance ? Depuis que j'ai vu les noirs de l'Ouganda, chez qui existe depuis des siècles une remarquable organisation sociale, je suis quelque peu sceptique à l'endroit de la supériorité de certaines races européennes sur la barbarie des peuples de l'Afrique. Le blanc qui n'emploie pas la main forte, qui traite ses noirs avec douceur, en obtient tout ce qu'il veut. Le noir est plein de dévouement pour le blanc qui le traite bien. Toutefois, le blanc devrait toujours garder ses distances vis-à-vis du noir. Les noirs, qui sont le nombre, pourraient un jour en arriver à se croire les maîtres à cause d'un système de justice qui dégénère en faiblesse, et que n'admettraient pas un instant les juges anglais. On m'a cité à cet égard des faits incroyables. Un blanc qui frappe un noir est impi-

ÉLISABETHVILLE. — Les nouveaux édifices.

Route d'Élisabethville à Pauda.

ZAMBÈSE.

toyablement condamné, sans être admis à s'expliquer sur les causes d'excuse auxquelles le juge a toujours égard dans les rixes entre blancs. « Vous avez frappé le noir ? — Oui, mais je demande à m'expliquer. — Il suffit, vous avez frappé. » Et toujours le noir triomphe en pareil cas. Que de faits ne m'a-t-on pas racontés qui montrent l'excessive faiblesse des magistrats ! Un jour, un jeune magistrat devait se rendre à son poste avec une caravane de porteurs. Arrivés dans la brousse, les porteurs se débarrassent des bagages et refusent de poursuivre la marche. Le magistrat, qui ne connaît pas la langue des noirs, s'adresse à un fonctionnaire, inspecteur du travail, et le prie de mettre les porteurs à la raison. Le fonctionnaire veut recourir au fouet. Protestations du magistrat qui ne veut pas qu'on traite ainsi les noirs. Le fonctionnaire se rend, mais le magistrat est laissé au milieu de la brousse, menacé de mourir de faim. Une autre fois, un colon porte plainte contre un noir qui a volé ses malles. Il résulte de l'enquête que l'inculpé a enlevé les malles dans l'espoir d'y trouver de l'argent ; n'en ayant pas trouvé, il a jeté les malles à la rivière. Et le juge acquitte, estimant que l'intention n'est pas un délit punissable.

J'ai rencontré à Elisabethville des Français qui déploraient hautement la trop grande familiarité des blancs avec les noirs. Les Wallons surtout ont avec eux la plaisanterie trop facile. Les noirs en arriveront ainsi à se croire les maîtres. Malheur quand ils le seront ! Voici une scène comme on en peut voir tous les jours à Elisabethville. Un noir obtient d'un blanc la faveur de lui cirer les bottes. Il ose ensuite lui demander une cigarette, et s'enhardit jusqu'à lui demander du feu. Un Anglais, témoin de la scène, allonge un coup de pied au noir. Protestations du blanc, auquel l'Anglais répond qu'il est trop jeune pour comprendre comment le blanc doit se comporter avec l'indigène. Pour être respecté, il doit être envers lui juste toujours, bon souvent, dur parfois.

Je n'ai nulle part mieux apprécié l'intelligence du noir qu'à l'établissement scolaire que les Salésiens ont fondé à Elisabethville. Les enfants blancs et les enfants noirs y occupent des classes distinctes. Les frères enseignent aux enfants noirs les travaux de menuiserie et de charpenterie, les dressent à l'art du forgeron et au métier de cordonnier. Et ils obtiennent d'admirables résultats, car les noirs, comme je l'avais déjà constaté dans l'Ouganda, sont d'une remarquable habileté dans les arts manuels. Mais si le noir bien conduit offre beaucoup de ressources, mal dirigé il devient criminel tout comme le blanc. J'ai vu des délinquants noirs à la prison où m'a conduit M. Salkin, l'aimable juge d'appel. Un noir était au cachot, coupable d'avoir tué un blanc. La prison est disposée en étoile comme nos prisons cellulaires, en vue de faciliter la surveillance. Les repas des prisonniers se composent de riz et d'une bouillie de maïs à laquelle on donne le nom de bocari.

CHAPITRE XII

L'Étoile du Congo.

Elisabethville doit sa naissance et sa fortune à ses mines de cuivre, dont la plus célèbre est l'Etoile du Congo, située à deux ou trois lieues de la ville. Il n'y a actuellement encore à Elisabethville qu'une seule automobile : c'est celle dont le roi des Belges a fait don au gouverneur. Le colonel Tombeur l'a très aimablement mise à ma disposition, et c'est avec son chauffeur que je me rends à la fameuse mine. Il me mène par des chemins impossibles. Ce ne sont que bosses et fosses qui font faire à l'automobile des cabrioles invraisemblables. Nous sautons comme des pois sur un tambour, et il m'arrive de perdre mon chapeau. Je suis trop occupé d'éviter les heurts pour songer aux détails du paysage. Au bout d'une demi-heure le plaisir prend fin. Nous stoppons. Nous sommes arrivés.

Le tableau que j'ai sous les yeux me rappelle d'une façon frappante les fameuses mines de diamant que je visitai autrefois à Kimberley. La mine de l'Etoile est exploitée de la même façon, en carrière à ciel ouvert. Un bon millier de travailleurs noirs, recrutés dans le Nyassaland portugais, fournissent la main-d'œuvre. Ils sont divisés en équipes de jour et de nuit, car le travail se poursuit la nuit à la lumière électrique. M. Hela, qui veut bien me promener par les chemins accidentés de la mine, me fait voir une récente tranchée pratiquée à l'aide d'une pelle à vapeur qui effectue l'enlèvement de la couche superficielle, le « stérile », travail préparatoire à l'extraction du minerai. Cette tranchée a mis à nu un filon d'une richesse merveilleuse. M. Hela m'offre un superbe échantillon du minerai : c'est un carbonate vert de cuivre qui rappelle le magnifique malachite de Sibérie, objet digne d'être rapporté en Europe en souvenir de l'Etoile du Congo. La mine est située dans un site aussi désolé que possible. Pas un seul arbre ne croît sur la colline cuprifère, dont le sol empoisonné se refuse à toute végétation. On se croirait plutôt au Spitsberg qu'en Afrique.

Un chemin de fer relie la mine de l'Etoile à l'usine de réduction de Lubumbashi, située à quelques kilomètres de là, au bord de la rivière du même nom de saveur indigène. Je l'ai visitée le lendemain, accompagné de MM. de San et Salkin. C'est là qu'on opère la fusion du minerai transporté de l'Etoile sur les wagons. Et c'est merveille de rencontrer au cœur de l'Afrique une installation aussi admirablement outillée, employant un personnel de 150 blancs et 2.000 indigènes. M. de Bouw me fait part de l'étonnement qu'éprouvèrent le général Botha, M. Grey, le fameux docteur Jameson, et d'autres visiteurs célèbres qui n'avaient tous qu'un mot : « Je n'en reviens pas ! »

M. Horner, ingénieur américain, en sa qualité de directeur des établissements, veut bien m'en faire les honneurs. Il me promène pendant une heure entière à travers les chantiers qui couvrent plusieurs hectares, et la promenade se fait par une température de 31° qui n'est rien auprès de la formidable température des fours système Evence Coppée, où l'on voit le cuivre entrer en fusion et couler en cascades, un des plus impressionnants spectacles qui soit au monde. On me montre aussi les *compounds* indigènes, divisés en quartiers de cinq maisons. Ces maisons, parfaitement carrées, sont construites en terre séchée. Pour que la brousse ne soit pas infectée, chaque indigène a son lit et ses latrines. Tout est parfaitement conçu au triple point de vue du confort, de l'hygiène et de la moralité du noir. J'assiste au curieux spectacle de la distribution de la nourriture aux travailleurs. Chaque indigène, contre présentation de son livret, reçoit sa ration de viande et de riz. Pour dessert, ils mangent des *pumpkins*, sorte de citrouilles dont ils sont très friands, importées de la Rhodésie et du Nyassaland. Ils reçoivent au minimum un salaire de 18 francs par jour.

Chaque indigène est donc porteur d'un livret. J'ai visité à Elisabethville le bureau de l'identification des indigènes au moyen des empreintes digitales, le système qu'on applique chez nous aux criminels. C'est fort beau, mais cette organisation n'existe encore qu'à Elisabethville, et encore uniquement en vue de l'industrie. Il faudrait généraliser la mesure et créer au Congo, comme en Rhodésie, l'état-civil des indigènes qui faciliterait le recouvrement de l'impôt.

L'Union Minière a le monopole des mines de tout le Katanga. Elle en exploite actuellement 130. La richesse minière du Katanga est véritablement fabuleuse. C'est ce dont se rendait fort bien compte le génie colonisateur de Cecil Rhodes, qui me disait à Groteschuur, en 1893, avec un visible dépit : « Pourquoi m'avez-vous pris le Katanga ? » (Le morceau était aussi du goût de l'Allemagne aux formidables appétits). On a déjà reconnu 135 gisements dans la région cuprifère du Katanga. Mais que de gisements de cuivre et d'étain restent encore à reconnaître ! M. Levat, ingénieur français qui venait de passer quatorze mois dans la brousse, me disait que, du haut d'une cime, il avait distingué, à perte de vue, des montagnes qui toutes recèlent le précieux minerai. Et il avait une telle foi dans la richesse minière du Katanga, qu'il la mettait au-dessus de toutes les mines du monde.

A sa richesse minière exceptionnelle le Katanga unit encore des facilités d'exploitation qu'on ne trouve nulle part ailleurs. Alors que dans les mines américaines il faut descendre parfois jusqu'à une profondeur de 1.500 mètres, au Katanga le cuivre se montre à la surface, en sorte qu'on l'exploite à ciel ouvert, sans les coûteux travaux souterrains qui augmentent dans des conditions si considérables le prix de revient de la tonne de minerai. Cette facilité d'exploitation est due à la disposition géologique des couches de terrain cuprifère, qui sont à peu près verticales : si elles ont en général une direction est-ouest, elles offrent des plissements et des ondulations à axes verticaux, et c'est là qu'apparaissent les gisements. Qu'importe que le minerai s'appauvrisse dans les couches profondes si le minerai se trouve en abondance dans les couches superficielles, à moins de 40 mètres de profondeur ! Qu'importent les couches inférieures si des richesses colossales sont dans les couches affleurant à la surface ! Pendant combien d'années ne pourra-t-on les exploiter par la méthode peu coûteuse des carrière à ciel ouvert ! C'est d'ailleurs ainsi que les exploitaient déjà bien avant la venue des blancs, les indigènes qui y trouvaient en abondance le cuivre servant à la fabrication de leurs lances, de leurs haches, de leurs bracelets. De nos jours encore, les noirs coulent le cuivre en croix de Saint-André et l'utilisent comme monnaie de troc. Arnott, un des premiers pionniers du Katanga, que le colonel Wangermée a connu autrefois, lui rapporta que vers 1890 il avait rencontré au nord du lac Moëro une caravane venant de l'Ouganda qui allait acheter du cuivre au Katanga, faisant ainsi un voyage de plus de 2.000 kilomètres dans le but de se procurer le métal destiné à recouvrir le cercueil du roi de l'Ouganda, le fameux Mtésa.

La région cuprifère du Katanga n'est pas seulement remarquable par sa prodigieuse abondance de minerai; ce qui en fait surtout la richesse, c'est une teneur en cuivre qui dépasse de loin celle de toutes les mines connues. Cette teneur varie, d'après les gisements, de 6 à 25 %, et l'on peut affirmer que la moyenne est de 14 %, proportion énorme en comparaison de celle des plus riches mines de cuivre qu'on exploite en Amérique et dans d'autres parties du monde, où la teneur oscille entre 1 et 7 %. Aussi peut-on dire sans exagération que le Katanga recèle assez de cuivre pour alimenter le monde entier, ou encore, comme le disait un Anglais, qu'on y marche sur les millions. Pour apprécier toute l'exactitude du mot, il faut savoir que le Katanga est riche non seulement en gisements de cuivre, mais aussi en gisements de diamants, de pierres précieuses et d'étain sur lesquels l'Etat a réservé ses droits par un décret du 23 Décembre 1910.

On peut s'étonner que le Katanga ne soit pas exposé, comme le Transvaal, à des mouvements d'aventuriers du genre du fameux raid Jameson. La raison en est que les gisements de cuivre appartiennent à l'Union Minière du Katanga, et qu'il y a dès lors peu de chance pour les aventuriers de faire de grands coups comme ceux qu'on pouvait faire à Kimberley avant que Cecil Rhodes n'eût fusionné toutes les sociétés en un puissant monopole.

Mais qu'importe si le Katanga est riche en minerai, qu'importe si ce minerai affleure à la surface, si les moyens de transport laissent à désirer ?

Nous touchons ici à la question vitale du Katanga.

Les Belges ne tireront tout le profit possible de ce joyau de leur colonie que le jour où ils pourront transporter à peu de frais ses richesses minières sur les marchés du monde.

A côté de l'avenir minier du Katanga, il y a l'avenir agricole dans lequel on peut avoir foi, quoique les opinions soient à cet égard fort partagées. Suivant les uns, le haut plateau du Katanga n'est pas un pays agricole, la terre est pauvre, le blé n'y réussit pas, le maïs seul y pousse, les essais des fermiers ont eu un lamentable échec. On apprécie diversement les résultats de la mission Leplae qui fut récemment envoyée sur place pour étudier le Katanga au point de vue agricole. Cette mission a fait construire à grands frais une route qui aboutit aux mêmes plateaux où doit être établie la voie ferrée. La mission a vu ces plateaux dans la saison des pluies, alors qu'ils étaient verts, mais elle les aurait trouvés incultes dans la saison sèche.

D'autres, au contraire, ont une grande confiance dans l'avenir agricole du Katanga. Si le climat ne convient pas à la culture du blé, en revanche, le maïs y vient admirablement. Le Katanga, tout comme autrefois la Belgique, est une immense forêt qui, défrichée, deviendra une terre fertile. M. Henri Rolin vante la fertilité des *dembos* ou vallées que la ligne de chemins de fer franchit de Sakania à Elisabethville, et il estime que le Haut Katanga offre des conditions favorables à l'agriculture. Il entrevoit le moment où l'agriculture et l'élevage pourront assurer les besoins locaux. Mais il se passera du temps avant que le Katanga exporte des produits de culture.

Si les premiers essais de culture n'ont pas répondu à l'attente, il ne faut pas être trop prompt à conclure : ce n'est pas en trois ans qu'on peut juger du succès d'une ferme, puisqu'en Europe une ferme ne donne de résultats qu'au bout de neuf ans. Sait-on d'ailleurs pourquoi échoua la mission Leplae ? Voici la piquante version que j'ai entendu circuler à ce sujet. On avait recruté, en Belgique, comme fermiers, des gens qui n'avaient aucune notion de la culture. On leur assurait pendant six mois un petit subside de vingt-cinq francs par mois. Ils vendirent pendant six mois les produits récoltés, et quand ils cessèrent de toucher leur subside ils abandonnèrent leur exploitation et s'en retournèrent comme ils étaient venus.

Quelles que soient les possibilités agricoles du Katanga, laissons au temps le soin de décider où est la vérité, où est l'erreur. Mais de toutes les provinces du Congo, on peut affirmer que le Katanga est celle dont l'avenir est le mieux assuré. Suivant le mot heureux de M. Hennebicq, le Katanga est « la citadelle blanche de l'Afrique ».

CHAPITRE XIII

Les Belges au Katanga.

J'ai passé trop peu de temps à Elisabethville pour oser porter un jugement sur l'administration du Katanga et sur les réformes à apporter dans nos méthodes coloniales. Mais j'ai pu constater avec satisfaction que les indigènes sont infiniment mieux traités au Katanga que dans les colonies d'Afrique appartenant à de grandes nations. Un missionnaire anglais, le Révérend John H. Harris, a publié naguère un livre qui fit un certain bruit. A lire ce livre, on pourrait croire que seuls les Anglais sont aptes à coloniser et à faire le bonheur des races inférieures. Il suffit de visiter les colonies anglaises pour se convaincre que c'est là un préjugé. Je ne parle pas de la Rhodésie, où les Anglais ont fait le bonheur des noirs en les massacrant. Mais lorsque je visitai l'Afrique orientale anglaise et l'Ouganda, j'y pus constater des abus qui méritent d'être dénoncés à l'indignation du bon missionnaire John Harris. J'y ai vu des milliers de noirs condamnés à la chaîne et

au *hard labour*. Quels méfaits avaient-ils commis ?
Leur seul crime était de n'avoir pas payé l'impôt sur
les huttes ou quelque contravention de simple police.
Mais il faut bien, n'est-ce pas, trouver le moyen d'im-
poser aux noirs le travail forcé, si l'on veut se procurer gratuitement le bois qui doit alimenter les foyers
des locomotives du chemin de fer et des bateaux du
Nyanza et si l'on veut avoir des routes construites
sans qu'il en coûte une seule livre sterling. Il est permis toutefois de penser que ces procédés économiques
coûtent cher à l'humanité.

M. Harris a trouvé chez les fonctionnaires coloniaux du Congo un niveau intellectuel et moral déplo-
rablement bas, et la raison qu'il en donne est simple :
les Belges manquent de passé colonial. Ce qui ne
l'empêche pas, par une de ces contradictions qui
détruisent une thèse, de faire le plus grand éloge des
fonctionnaires coloniaux allemands. Quand je songe
aux fonctionnaires coloniaux allemands, je me rappelle
toujours un représentant du gouvernement allemand
que j'ai rencontré sur les bords du lac Victoria, gros
Falstaff en costume blanc dont la seule distraction
était de passer une heure à bord du bateau qui visi-
tait son poste tous les quinze jours. Je l'ai vu consom-
mer, avec un de ses compatriotes, un nombre invraisemblable de verres de bière allemande, pour finir
par le whisky, pour lequel il avait un tel culte que son
traitement devait y passer en grande partie. Il se
vantait d'en vider trois bouteilles par jour, ce qu'at-

testait, d'ailleurs, une face effroyablement conges-
tionnée. M. Harris préfère le jeune fonctionnaire
colonial allemand au jeune fonctionnaire colonial
belge. Et cette opinion est si sincère, qu'il conseille
à la Belgique de renoncer au Congo pour l'offrir, non
pas à l'Angleterre, qui est, affirme-t-il, trop désin-
téressée, mais à l'Allemagne. Les noirs du Congo belge
auraient-ils à gagner en tombant sous la rude main
germanique ? J'ai visité les ports du lac Victoria
fondés par les Allemands. Le plus important est
Mouanza. Ce qui m'a frappé en débarquant, c'est
l'aspect militaire de la place. On sentait tout de suite
qu'on se trouvait en territoire allemand, où tout se
fait à la caporale, sous une roide et inflexible disci-
pline. J'y ai vu « l'arbre de la Justice » auquel les
chefs de Mouanza avaient coutume de pendre les
condamnés. Et la tradition fut reprise par les Allemands. C'est un compatriote de M. Harris qui m'assurait avoir vu des pauvres diables accrochés aux branches du sinistre ficus, ce qui n'était pas, disait-il,
« *a pretty scene* ». J'ai vu, sur cette même place, des
prisonniers enchaînés les uns aux autres, le cou serré
dans un lourd anneau de fer, cassant à coups de mar-
teau des pierres destinées aux routes. Ils sont étroite-
ment surveillés par la police indigène. Ainsi, ce qui
frappait immédiatement les yeux en débarquant dans
cette colonie allemande, c'est, d'une part, le déploie-
ment de la puissance militaire, d'autre part, le spectacle du travail forcé.

Ce spectacle du travail forcé, c'est le sinistre **leit motiv** qui revenait, obsédant, dans chaque rue, sur chaque route où le hasard vous conduisait. Tous les quarts d'heure, vous rencontriez de longues files de forçats enchaînés, le cercle de fer au cou, chargés de pioches, de bêches, de haches, sous la conduite de soldats noirs armés non seulement d'un sabre et d'un fusil, mais encore d'un fouet, symbole de l'esclavage. On ne pouvait franchir cinq cents mètres sans croiser de ces lugubres cortèges. N'y a-t-il donc que d'affreux bandits parmi la population noire ? Ou bien faut-il croire que, sous le plus futile prétexte, on leur imposait le travail forcé avec le cercle de fer au cou ? De quels crimes inexpiables étaient-ils donc coupables, ces milliers de forçats ? La plupart n'avaient commis d'autre méfait que d'avoir circulé sans lanterne dans les rues, par une nuit de clair de lune. Un des matelots noirs d'un steamer anglais, coupable d'un tel forfait, fut aussitôt cueilli par la police noire et condamné sur l'heure à six mois de chaîne. Sans doute, sur les protestations adressées au gouverneur allemand par le capitaine anglais, le matelot fut immédiatement rendu ; mais les milliers de forçats qui n'avaient personne pour les défendre faisaient leurs six mois de chaîne. Tout prisonnier condamné à la chaîne se voyait régulièrement appliquer la chicotte à l'expiration de chaque mois. La chicotte était l'inévitable corollaire du travail forcé. La peine consistait en vingt-cinq coups, appliqués au bon endroit, avec une lanière d'hippopotame longue de deux mètres. Après son supplice, le malheureux était conduit au lac où il prenait un bain dont l'effet était de refroidir les atroces brûlures que la chicotte laisse sur la peau. La chicotte intervenait aussi en justice : il était d'usage de l'appliquer aux témoins pour leur faire dire la vérité, car on sait combien le noir est enclin au mensonge. On m'a parlé d'une affaire de vol où, à cause des contradictions qu'offraient les dépositions, tous les témoins, quels que fussent leurs dires, affirmatifs ou négatifs, reçurent leurs vingt-cinq coups de chicotte pour apprendre à mieux **témoigner** en justice. C'est la manière **forte**. Elle offre une légère **différence avec** celle des Anglais. Ceux-ci, instruits par leur longue expérience de la colonisation, ont moins de lourdeur, plus de doigté. Ils connaissent, d'ailleurs, des moyens plus efficaces que la chicotte, et la cavalerie de Saint-Georges est leur grande ressource. Mais si les procédés diffèrent, le but est le même. C'est toujours un esclavage déguisé, tendant à la main-d'œuvre gratuite des noirs. Et l'on voudrait que le noir n'eût pas la haine du blanc ! Mânes de Beccher-Stowe ! revenez sur cette terre pour flétrir cette manière dont les grands redresseurs de torts comprennent leur mission de civilisation sur la terre d'Afrique.

Les coloniaux anglais que j'ai rencontrés sur place étaient d'un tout autre avis que M. Harris : ils me disaient que les Belges traitent les noirs avec trop

d'égards; à cause de leur bonté pour cette race déshé-
ritée, ils sont en train de compromettre la bonne
affaire que doit être l'Afrique. Ce sont des gâte-
métier. Le capitaine d'un steamer du lac Victoria,
officier de la marine anglaise, ne me faisait-il pas cet
aveu intéressant à retenir que les colonies d'Afrique
sont faites non pour les noirs mais pour les blancs,
et que les blancs ont le droit absolu d'exploiter le
pays pour leur seul profit ? Toute colonie qui ne paye
pas doit être abandonnée : la seule bonne politique
coloniale est celle de l'intérêt et de l'égoïsme, sans
souci du progrès et du bonheur des indigènes.

Lorsque je publiai mon livre « Aux Sources du
Nil », mes révélations provoquèrent une grande
fureur en Allemagne. Les journaux d'Outre-Rhin me
traitèrent d'audacieux menteur, d'infâme calomnia-
teur, etc. On ne répond pas aux injures. Mais je ne
crus pas devoir m'abstenir de répondre à la plus
importante revue coloniale de Berlin qui, avec plus de
tenue, se borna à proclamer que mes « élucubrations »
étaient manifestement contraires à la vérité, et
proposa en même temps la création, dans les villes où
résidaient beaucoup d'Allemands notoires, d'un grand
journal allemand qui aurait pour mission de défendre
l'Allemagne, pays tant calomnié, contre les nouvelles
mensongères. Je n'eus, pour réduire au silence la
grande revue coloniale et toute la meute de journalistes, qu'à appuyer ma réponse de la reproduction
d'un document photographique qui représentait les

Usines de Lubumbashi.

ÉLISABETHVILLE. -- Train chargé de minerai.

forçats de Mouanza enchaînés, circulant sous la conduite d'un garde-chiourme noir armé jusqu'aux dents, document acheté à Mouanza chez un Allemand.

Elisabethville est le paradis des noirs en comparaison des enfers africains où m'a conduit le hasard des voyages. Le romancier Conan Doyle, le célèbre créateur de Sherlock Holmes a, il est vrai, lancé contre les Belges l'accusation de couper les mains aux indigènes. Mais on sait aujourd'hui ce que valait sa documentation. Il s'était inspiré de très bonne foi des faux rapports émanant du consul anglais à Boma, sir Roger Casement, qui fut depuis pendu à Londres. Je n'ai pas rencontré dans les rues d'Elisabethville des noirs aux mains coupées, mais j'en ai vu quantité dans l'Ouganda, qui furent mutilés par ordre du roi Mouanga, le Néron africain. Il serait peut-être excessif d'en rendre responsables les maîtres actuels de l'Ouganda. Voilà pourtant avec quelle légèreté le romancier Conan Doyle écrit l'histoire du Congo.

Est-ce à dire que tout est parfait au Katanga et dans le reste du Congo ? Que rien n'y est à faire, qu'il n'y a aucun abus à corriger ? Non, il n'y a pas de colonie parfaite, moins encore sous les tropiques que dans la zône tempérée. Ce sera toujours une tâche difficile que d'organiser un gouvernement dans les possessions tropicales, qu'elles soient situées aux Indes ou dans le continent noir. La première difficulté réside dans l'inhabileté des indigènes à se gouverner eux-mêmes, soit qu'ils manquent d'initiative politique, soit qu'ils soient plongés dans l'ignorance et la barbarie. La seconde difficulté provient de ce que, dans les colonies tropicales, les blancs sont relativement peu nombreux, et de ce qu'ils n'y résident que temporairement, avec l'espoir de s'enrichir et de regagner la mère patrie. La population blanche ne comprend guère que l'élément masculin, fonctionnaires, officiers, commerçants, aventuriers qui ne fondent point de foyers permanents. Les blancs constituent une caste, la caste des gouvernants, sur lesquels la métropole exerce un contrôle général. La population indigène, quoique étant en très grande majorité, n'a qu'une minime influence sur son propre gouvernement. Le gouvernement des possessions tropicales n'a donc rien qui rappelle une démocratie. Les populations indigènes ne se gouvernent pas elles-mêmes. Le tropique est gouverné par la zône tempérée. Les lois et les ordres viennent d'une lointaine métropole. Et là où les peuples des tropiques ont voulu se gouverner eux-mêmes et se constituer en républiques indépendantes, le résultat a été lamentable. Qu'on se rappelle les vicissitudes de la république d'Haïti. Le despotisme fleurit dans les pays chauds comme la liberté fleurit dans les pays froids. Ne voit-on pas les Européens eux-mêmes, qui gouvernent les possessions tropicales, s'énerver au bout d'un trop long séjour sous un ciel brûlant ? Ils perdent à la longue les aspirations vers l'idéal.

« L'empire britannique, dit Goldwin Smith, dans

l'Inde, n'est point menacé de finir par l'invasion des Russes ; il n'est pas menacé non plus de finir par une révolution intérieure. Et pourtant, il aura une fin. C'est la loi de nature. Les enfants anglais ne peuvent être élevés sous le ciel de l'Inde. Une race ne peut conserver et gouverner un pays où elle ne peut élever ses propres enfants ».

La solution des problèmes qu'offre l'avenir des possessions tropicales et des « sphères d'influence » est subordonnée en grande partie à la question du climat. C'est sous le soleil de l'Equateur, là où il y a abondance d'humidité, que la vie animale et la vie végétale atteignent leur plus grand développement. Là se trouvent les terres les plus productives, les possessions les plus convoitées par l'homme blanc.

Dans cette zône, l'homme peut s'alimenter toute l'année sans aucun travail ; il n'a à souffrir ni du froid, ni de la sécheresse ; l'abri et le vêtement sont faciles à s'y procurer, si tant est qu'ils soient nécessaires. La nature y pourvoit à tout, l'homme y a la vie douce et facile : trois fruits de l'arbre à pain ou une douzaine de bananes lui sont une nourriture suffisante ; il ne doit pas consacrer à sa plantation de manioc plus d'une journée de travail par semaine ; le Javanais récoltera en un mois assez de riz pour vivre une année entière. Au témoignage du capitaine Cook, un insulaire des mers du Sud qui plante dix arbres à pain accomplit autant de besogne utile pour l'entretien de sa famille qu'un cultivateur des pays du Nord qui travaille toute une année.

C'est cette trop grande facilité de la vie qui est le plus grand obstacle au progrès des races tropicales. Dans un climat débilitant et énervant, où le travail ne s'impose pas comme une nécessité, l'homme manque de l'énergie indispensable pour développer les ressources que lui offre le tropique. On ne peut attendre de lui l'effort spontané pour s'élever vers un plus haut degré de civilisation. Les peuples tropicaux ne peuvent progresser que sous une autre impulsion que la leur. Certes, on peut citer des peuples tropicaux qui, sous l'influence de certaines causes particulières, ont atteint un certain degré de civilisation, mais il n'en est pas moins vrai que ce n'est pas dans les conditions faciles de la vie des tropiques que se sont développées les races énergiques et entreprenantes du monde (1).

Ainsi se pose le problème du travail dans les colonies tropicales. Par quel moyen amener les indigènes à se soumettre à un travail sérieux et continu, si une nature trop bienveillante ne lui impose pas l'effort que le travail exige ? Si l'effort répugne aux indigènes, il n'y a que deux alternatives : ou le travail forcé ou l'importation de coolies recrutés à l'étranger par contrat. La Hollande a introduit à Java le système du travail forcé. On n'aurait pu en adopter d'autre au

---

(1) Robert Ward, *Some problems of the Tropics.*

Congo dans la période du début. Mais la race noire n'est-elle pas perfectible comme toute autre race humaine, et ne pourrait-elle, à la longue, être amenée à se soumettre à la sainte loi du travail ? Les officiers belges (1) qui ont pratiqué les noirs pendant plusieurs années ne croient pas à l'éternelle paresse qu'on leur reproche ; ils ne croient pas à leur défaut d'intelligence et d'aptitude ; ils sont persuadés au contraire que les facultés d'assimilation ne leur manquent pas, mais que pour juger le développement intellectuel dont ils sont susceptibles, il faudrait leur offrir les moyens d'apprendre en créant des écoles professionnelles. C'est dans cette voie que sont entrées les missions. L'école professionnelle des pères Salésiens à Elisabethville est soutenue par le Gouvernement. On a constaté depuis longtemps que le nègre a la passion du négoce et qu'il est « né commerçant », suivant le mot de Stanley. Qu'on lui offre l'appât de l'intérêt et on trouvera en Afrique la main-d'œuvre indispensable pour faire progresser l'entreprise coloniale.

Il ne peut être question d'introduire au Congo des Hindous ou des Chinois, sous peine de provoquer le phénomène qui s'est produit partout où les Hindous et les Chinois ont été mis en présence des noirs.

A l'île Maurice, l'Hindou a remplacé le noir que le planteur employait autrefois : et l'Hindou a réduit

----

(1) Cap. Jobé, *La Belgique et le Congo.*

le noir à mourir de faim. Dans toutes les colonies d'Afrique où a pénétré l'Hindou, les noirs sont sans résistance contre cette redoutable invasion. Des milliers d'Hindous débarquent chaque année à la côte orientale d'Afrique, avec leurs femmes, et comme il est rare qu'ils retournent dans l'Inde, ils peuplent peu à peu le continent noir, ils y font souche, et lentement, mais sûrement, ils supplantent la race noire qui ne peut lutter avec eux. Et si l'on n'y prend garde, l'Afrique deviendra bientôt une province de l'Inde, comme il est arrivé à l'île Maurice, envahie par trois cent mille Hindous qui ont supplanté d'abord les noirs et qui sont en train de supplanter les créoles. Lors de mon voyage dans l'Ouganda, j'ai vu des natifs de l'Inde accourus en masse sur les bords du lac Victoria. Ils y accaparent tout le commerce. Les noirs sont partout évincés par les envahissants Hindous. Ce sont eux qui ont fait le chemin de fer de l'Ouganda, et depuis lors, ils considèrent l'Afrique comme leur appartenant. Leurs villages ont l'aspect des bazars de l'Inde, rues interminables bordées d'une foule d'échoppes. Ils vivent dans d'horribles maisonnettes en tôle ondulée, ce qui est, à leurs yeux, le dernier mot de la civilisation. L'Hindou se trouve admirablement du climat de l'Afrique, et le jour n'est peut-être pas éloigné où les peuples de l'Inde, aussi envahissants et aussi entreprenants que les Chinois, occuperont toutes les régions de l'Afrique tropicale qui leur conviennent et refouleront les noirs auxquels ils sont infiniment supérieurs dans l'échelle des races humaines. Le continent noir serait-il destiné, dans les desseins de la Providence, à recevoir le trop-plein de l'Inde, dont le territoire ne suffit pas à nourrir deux cents millions d'Hindous ? .

Depuis la reprise du Congo par la Belgique, le mot a été : « Décentralisation ». Nous soutenions, il y a longtemps déjà, cette idée vers laquelle il semble qu'on soit aujourd'hui en marche. Dans une étude (1), nous avons montré les inconvénients de la centralisation, qui fait reposer tout le poids des affaires sur le gouvernement central et lui impose le soin de régler des détails dont les fonctionnaires locaux pourraient s'occuper avec plus de compétence. M. le çomte d'Ursel, qui a fait à cette étude l'honneur de la citer au Sénat lors des débats parlementaires sur la reprise du Congo, a préconisé le renforcement du pouvoir local en Afrique. Il voulait notamment qu'il y eût en Afrique plus de responsabilité, il voulait laisser plus d'initiative au Gouverneur général, et qu'il y eût auprès de lui un Conseil exécutif partageant cette responsabilité. Il prônait le système en vigueur dans toutes les grandes colonies, et demandait d'introduire au Congo tout simplement ce qui existe aux Indes anglaises et à Java. Aux Indes anglaises, le vice-roi est assisté d'un Conseil exécutif composé de cinq

---

(1) « Une législation coioniale », *Bulletin de l'Académie Royale de Belgique*, classe des Lettres, n° 4, avril 1908.

membres. De même à Java, le Gouverneur général a à ses côtés un collège de cinq membres connu sous le nom de Conseil des Indes. Le Conseil Colonial, qui siège dans la métropole, aussi nombreux qu'un parlement, à deux mille lieues de la colonie, ne serait-il pas mieux placé dans la colonie même, où l'on pourrait le réduire à sept membres ? C'est là, estimait M. le comte d'Ursel, le véritable type du pouvoir local, fort, responsable et décentralisé (1).

M. Henri Rolin, dans son intéressante étude sur « Le Katanga au point de vue administratif », critique le vieux système centralisateur. Il constate qu'un certain progrès s'est accompli dans le sens de la décentralisation, mais que le progrès est peu considérable. Le roi Albert, qui a parcouru la colonie avant son avènement, s'est prononcé nettement dans le sens d'une décentralisation et a proclamé la nécessité de reviser la charte coloniale et spécialement de « constituer sur place un gouvernement qui reçoive formellement du législateur métropolitain un pouvoir vraiment effectif ». En faisant cette déclaration, le Roi invoquait l'exemple des grandes nations colonisatrices instruites par une expérience séculaire. Tous les hommes qui ont gouverné le Congo sur place sont partisans de la décentralisation. L'un d'eux m'exposait un jour le regret que des vues semblables n'aient pas guidé ceux qui ont fait les lois fondamentales de

---

(1) Sénat, *Annales parlementaires,* séance du 27 août 1908.

la colonie. L'ensemble lui apparaissait comme un édifice destiné à être construit en Afrique, mais conçu par un architecte européen dont le cerveau n'aurait jamais eu que des impressions européennes. L'édifice est vaste et beau extérieurement, mais quand on le parcourt et qu'on veut l'approprier à sa destination, on y trouve quantité d'inutilités ou de nuisances, et il y manque des choses indispensables. Et pour expliquer sa pensée, il faisait une comparaison assez amusante. C'est comme si, dans une maison tropicale, on avait disposé un calorifère et des doubles fenêtres, et qu'il y manquât des vérandahs et des moustiquaires. Dans la suite, on a tâché de remédier aux défauts par des ajoutes de toute espèce ou des démolitions ; mais il en est de ces transformations comme de celles qu'on a fait subir jadis à nos belles cathédrales pour les mettre au style du jour. Il faudrait avoir le courage de se mettre résolument à l'œuvre en partant de principes sains et clairs, et en donnant aux lois nouvelles et à toute l'organisation coloniale une élasticité telle qu'elles pourraient s'adapter rapidement aux situations si diverses et si mobiles des pays coloniaux.

Le système colonial des Hollandais, tel que nous l'avons pu étudier sur place dans un voyage aux Indes néerlandaises, présente un grand nombre de dispositions dont on pourrait utilement s'inspirer au Congo. Nous avons montré (1) comment leur système de

---

(1) *Un séjour dans l'île de Java*, Paris, Plon.

décentralisation poussé jusqu'à l'absolutisme du Gouverneur général qui réside à Java a pu assurer l'admirable développement d'une des plus belles colonies du monde. Mais la dernière venue des nations colonisatrices n'a pas l'audace que donne l'expérience.

CHAPITRE XIV

La Plaie du Congo.

_ Toutes les autorités coloniales s'accordent à proclamer que la colonisation n'a pas seulement pour but d'assurer de nouveaux pays et d'autres races à l'effort universel de la production des richesses, elle a aussi pour but de les convier à une vie morale et sociale supérieure. C'est dans ces termes que s'exprimait M. Tibbaut, aux *Journées coloniales*. L'éminent président des *Journées*, M. Cooreman, envisageant ce double aspect économique et moral de la colonisation, montrait la difficulté de la tâche, la gravité de la responsabilité, et, par conséquent, la nécessité de l'initiation pour le peuple hardi qui a pour ainsi dire improvisé son rôle de colonisateur sur un théâtre de colossale dimension. Le Ministre des Colonies, M. Renkin, insistait à son tour sur le but de l'œuvre coloniale, mettre l'ordre à la place du désordre, la civilisation à la place de la barbarie, le christianisme à la place du fétichisme. Et il concluait que pour accomplir cette œuvre il faut des hommes d'une haute qualité morale ; il faut, comme le disait un gouverneur de colonies anglaises, que le colonial soit un *gentleman.* La carrière coloniale doit être prise au sérieux et non pas comme une folie ou un coup de tête. Dans cette œuvre entreprise par la civilisation contre la barbarie, il faut des hommes de réelle valeur et non pas des agents médiocres. La valeur intellectuelle ne suffit pas, il faut avant tout la valeur morale, il faut l'idéal des civilisateurs qui ont charge d'âme.

Osons aborder un sujet dont on parle généralement en plaisantant. Il n'en est pourtant pas qui soit aussi grave et aussi délicat. Le problème est un des plus difficiles qui soit. Qu'importe ! Il faut avoir le courage de mettre la plaie à nu.

La plaie est celle de toutes les colonies tropicales, bien qu'elle ne soit pas partout également apparente. Elle est peu visible dans les colonies anglaises, où elle n'en existe pas moins. Nulle part elle n'est plus ostensible que dans l'Insulinde, qui est, de toutes les colonies tropicales, la plus comparable à la colonie du Congo belge.

De tous les abus qui ont provoqué de sévères critiques en Hollande, il n'en est pas de plus répandu aux Indes néerlandaises que le commerce entre blancs et femmes indigènes. C'est, chez les fonctionnaires non mariés, un usage général de prendre parmi les femmes indigènes une compagne illégitime, et cet abus est ouvertement toléré. L'institution est si profondément entrée dans les mœurs, qu'un fonctionnaire de rang élevé, très considéré dans la colonie, a pu publier une étude où il discute sérieusement le point de savoir quel est le système le plus avantageux pour un jeune fonctionnaire, ou d'épouser une Européenne ou de prendre une « ménagère » indigène, aboutissant à cette conclusion au moins inattendue, que les deux systèmes ont leurs avantages et leurs inconvénients. (1)

M. Chailley-Bert, qui a si bien étudié Java au point de vue colonial (2) a été frappé de la généralité de cet abus. Il constate que ce qui eût dû être l'exception devient presque la règle. Officiers, fonctionnaires, planteurs, tous, s'ils sont célibataires, prennent une compagne indigène. Cela est prévu, cela est dans les mœurs, cela est dans les règlements, jusque dans le plan des maisons que bâtit le Gouvernement.

Est-ce le régime qu'il faut accuser de cet abus ? Ou bien ne serait-ce pas plutôt cette force occulte et mystérieuse, la « grande silencieuse » comme l'appelle Couperus dans son roman sur l'Inde hollandaise, où il montre le Hollandais absorbé par cette force insaisissable qui émane de la terre et de la race indigène ?

De même qu'il y a une question des métis à Java,

____

(1) *Concubinaat by de ambtenaren van het binnenlandsch bestuur in Ned. Indië. Tijdschrift voor Ned : Indië, 1898, 2, 304 f. f.*

(2) J. Chailley-Bert, *Java et ses habitants.*

il y en a une au Congo. Partout où la population
européenne compte moins de femmes que d'hommes,
il y a une question des métis. A Java, les métis
s'appellent d'un nom intraduisible. Aux Indes anglaises, les métis s'appellent des Eurasiens. En Afrique,
les métis s'appellent des mulâtres. En Amérique, il
y a aussi des mulâtres. Et partout où il y a des
mulâtres on les regarde comme un fléau. Le mulâtre
a tous les défauts du noir et tous les vices du blanc.
Si l'on n'y prend garde, le Congo sera un jour rongé,
comme les Etats-Unis d'Amérique, par cette plaie des
mulâtres. Un proverbe arabe dit : « Allah a fait le
café ; Allah a fait le lait ; Allah n'a pas fait le café
au lait ». Aux yeux des Arabes, le mulâtre n'est pas
une créature de Dieu.

Voilà donc un très grave problème à envisager en
face, un des plus graves qui soient.

La principale difficulté du problème provient de ce
que, dans les colonies tropicales, les blancs sont relativement peu nombreux, et qu'ils n'y résident que
temporairement, avec l'espoir de s'enrichir et de regagner la mère patrie. La population blanche ne comprend guère que l'élément masculin : fonctionnaires,
officiers, commerçants, aventuriers, qui ne fondent
point de foyers permanents. Les Européens s'énervent
au bout d'un trop long séjour sous un ciel brûlant.
Ils perdent à la longue les aspirations vers l'idéal qui
les animait au début, et au lieu de travailler à relever
la race indigène, ils finissent par descendre à son

niveau. Et n'est-ce pas descendre à son niveau que
de prendre une compagne indigène ?

Comment une femme indigène, qui n'a ni l'éducation, ni les sentiments, ni l'état d'âme du blanc, qui
ne peut être ni sa conseillère, ni son soutien, pourra-
t-elle être autre chose qu'une compagne passagère,
dans le sens le plus abject du mot ? Ce sera l'union
libre, qui ravale au lieu d'élever. Ce seront les rapports
purement matériels qui rabaissent au lieu de purifier.
Si des enfants naissent, le père n'osera les avouer.
Et quand sa compagne d'occasion aura perdu ses
charmes, il la délaissera pour en prendre une autre
plus agréable.

Voilà comment il s'y prendra pour relever la race
indigène.

Ainsi se pose le problème. La solution en paraît
presque impossible à première vue. Il s'impose pourtant à tous les peuples qui ont des colonies tropicales,
aux Hollandais, aux Anglais, aux Français, aux Américains. Il s'impose aux Belges qui ont assumé la
lourde tâche de coloniser le Congo.

Non, le problème n'est pas insoluble. Pour essayer
de le résoudre, il semble tout d'abord qu'il faille
distinguer entre le Congo équatorial et le Congo à
climat tempéré. « Le Congo ne vaut pas un penny »,
me disait Cecil Rhodes, et il me donnait pour raison
qu'il est situé sous l'Equateur et que l'Européen ne
peut s'acclimater dans les contrées équatoriales. C'est
entendu, l'Ouganda ne vaut pas un penny. Mais Cecil

Rhodes était un colonial trop clairvoyant pour ne pas apprécier l'immense valeur du Congo. Il cherchait à en dégoûter la Belgique, qui hésitait alors à accepter le cadeau royal. Et il voulait accréditer l'erreur de ceux qui confondent les colonies d'exploitation avec les colonies de peuplement. Certes, le Congo équatorial ne sera jamais une colonie de peuplement, pas plus que ne l'est Java, qui avoisine aussi l'Equateur, et qui n'en est pas moins la perle des Indes, le merveilleux pays des épices qui a enrichi la Hollande. L'Inde, qui avoisine l'Equateur, et qui vaut bien un penny, puisqu'elle a procuré à l'Angleterre de fabuleuses richesse, l'Inde est une colonie d'exploitation.

Le Congo a un inappréciable avantage sur les Indes anglaises et sur les Indes néerlandaises, c'est l'heureuse diversité de climats qu'offre l'immense étendue de son territoire et qui permet d'y créer des colonies de peuplement aussi bien que des colonies d'exploitation. Le haut plateau du Katanga, aussi vaste que la France, et dont le climat rappelle celui de l'Europe méridionale, convient à la colonisation blanche tout comme les hauts plateaux du Transvaal et de l'Orange où les Boers, ces descendants des Hollandais, ont fait souche. Le climat est idéal, comparable à celui de Nice, moins les sautes brusques de température et les coups de mistral. Voilà ce que m'affirmait l'ingénieur Levat, qui est Niçois et qui a séjourné deux ans et demi dans le Haut-Katanga où il n'a jamais eu d'accès de fièvre et n'a jamais pris de quinine. Personnellement, j'ai trouvé le climat d'Elisabethville plus agréable que celui de la Rhodésie. Arrivé dans la saison chaude, j'ai trouvé très supportable une chaleur sèche de 31°. Les nuits m'ont paru d'une délicieuse fraîcheur. Je m'éveillais le matin par une température de 16°. Et je n'étais pas encore dans la saison des moustiques, apparaissant en septembre, avec les premières pluies qui abattent la poussière. L'hiver ramène les gelées nocturnes qui sont bénies des blancs.

Quand le prince Albert, qui devait bientôt ceindre la couronne, traversa cette contrée si salubre, il y rencontra beaucoup d'Anglais qui, avec un petit pécule en poche, parcouraient le pays à la recherche de terres. Et le prince déplorait le peu d'empressement que mettaient les Belges à bénéficier des avantages que leur offre le Katanga. De tous côtés, on y avait mis en vente des terres admirablement situées et favorables à l'agriculture ; or, pas un seul Belge ne s'était trouvé parmi les acquéreurs. Il y avait là, de l'avis du prince Albert, un effort à réaliser qui était fait, d'ailleurs, au détriment des Belges, par des étrangers.

Dans une étude sur la colonisation du Katanga, le Docteur Dryepondt, si compétent comme médecin et comme colonial, a démontré la possibilité pour la race blanche, envisagée comme race, dans son ensemble, et non dans des individualités peut-être exceptionnelles appartenant à cette race, de vivre, de s'installer au Katanga, d'y fonder des familles européennes, d'y avoir des enfants blancs y vivant eux-mêmes et y procréant, sans dégénérescence dans la descendance, et sans nécessité de mélanger avec les autochtones noirs du pays une race blanche restant purement blanche et continuant dans sa descendance les caractères des parents.

Au Katanga, l'acclimatement de race est possible. Mais la zône équatoriale ne se prête qu'à l'acclimatement individuel. L'Européen peut y séjourner pendant un temps plus ou moins long ; il peut même y procréer, mais il doit regagner, lui et ses enfants, la terre natale s'il ne veut voir sa race s'étioler. Il semble bien pourtant que la science n'ait pas dit son dernier mot, et que si la zône équatoriale est restée jusqu'à présent fermée à l'acclimatement de race, on ne puisse en conclure qu'elle le sera d'une façon définitive.

Nul ne prétendra d'ailleurs que les régions chaudes du Congo soient plus malsaines et plus dangereuses pour l'Européen que les régions chaudes de Java. Et puis, que ne peut, à la longue, sur le climat d'un pays neuf, la présence du blanc ! Le climat de Java n'était-il pas, jadis, autrement malfamé que celui du Congo ? Aujourd'hui, sous le rapport de la salubrité de l'air, Java vaut infiniment mieux que sa réputation. J'y ai rencontré maints hauts fonctionnaires établis dans l'île depuis plus de trente ans, tels que M. Scherer, membre du Conseil des Indes, le jonckeer van der

Wyck, directeur de l'enseignement, M. Oliviers, résident de Djokjakarta. Ce qui prouve que les fonctionnaires vivent aussi longtemps à Java qu'en Europe,
c'est qu'ils ne·sont admis à une pension égale à trois.
mois de traitement qu'au bout de vingt années de
service et quarante-cinq ans d'âge, et à une pension
égale à quatre mois de traitement qu'au bout de
trente années. En outre, ils n'ont droit à un congé que
de dix en dix années. Si le climat dont les Hollandais
ont toujours tant médit, dans la crainte d'exciter des
convoitises, était vraiment si meurtrier pour les
blancs, on ne verrait point la plupart des fonctionnaires en retraite, civils et militaires, finir de préfé-
rence leurs jours à Java, où une belle maison leur
coûte peu et où ils peuvent planter du café tout en
touchant leur pension.

J'ai vu, à Batavia, plus d'un général octogénaire,
qui n'aspirait nullement à revoir les brumes des Pays-
Bas. De cette ville de Batavia, dont la réputation
d'insalubrité était telle autrefois que son nom était
synonyme de cimetière des Européens, les Hollandais
ont su faire une ville presque aussi salubre qu'Am-
sterdam. Le choléra, qui était endémique autrefois, a
complètement disparu depuis que la ville est pourvue
d'une eau pure que fournissent des puits artésiens
communiquant avec une nappe profonde non conta-
minée. Ce qui a contribué aussi à l'assainissement de
Batavia, c'est le desséchement des marais environ-
nants qui ont été transformés en champs fertiles, et

le défrichement des jungles, auquel on a employé des soldats de l'armée des Indes. On voit ainsi ce que peut, à la longue, la civilisation importée dans une contrée vierge. Pour apprécier les heureux effets que pourra produire la présence du blanc au Congo, il suffit de constater ceux qui sont résultés des intelligents travaux des Hollandais. Qu'on ne fasse donc point le compte des morts au Congo : avec le temps, l'homme finira par triompher de la nature en Afrique équatoriale comme à Java. Quoique Java ne soit, pas plus que les chaudes régions du Congo, une colonie de peuplement, on y rencontre un grand nombre de créoles, c'est-à-dire des blancs nés à Java de père et de mère européens. Et c'est précisément la présence de la femme blanche à Java qui contribue le plus à enrayer la mortalité, car qui ne sait que l'isolement et la dépression morale qui en est la conséquence, sont mortels pour le blanc transporté sous les tropiques ! A l'exemple des Hollandais, introduisons donc la femme blanche au Congo.

« Notre colonie manque de femmes ! » Tel est le cri d'alarme que poussait un jour dans la presse le Docteur Louis Delattre. Quel est, se demande-t-il, le rôle de la femme belge au Congo ? Nul, rien. Et que doit-il être ?.. Tout ! Qu'allons-nous faire au Congo ? questionne-t-il. D'abord nous établir, ensuite coloniser, c'est-à-dire éduquer, civiliser nos frères noirs d'Afrique. Nous établir ? Mais quel est le premier signe, le presque unique et nécessaire emblème de l'établissement des hommes dans un pays ? C'est la création d'un foyer... Au Congo, le blanc est sans foyer, parce qu'il est sans « sa » femme. (Notez l'adjectif possessif « sa ». Il est sans « sa femme ». Sans épouses, sans foyers, proclame M. Delattre, il est presque impossible aux blancs colonisateurs africains d'essayer de relever le niveau de la race indigène. « La vie intime d'un blanc, quelles que soient sa bonne volonté, son éducation, sa force de caractère, ne peut jamais être, dans la solitude échauffée de l'Afrique, qu'un tissu fragile où les mauvaises langues indigènes auront vite brodé le scandale. Que la femme belge, l'épouse légitime, aimée, respectée, intervienne. ...Et tout change. Le Belge colon remonte immédiatement à son idéal européen. Le Belge colon, à la main de sa compagne belge, remonte à l'état civilisé d'où, il faut bien le dire, sans compagne de son éducation, sans compagne de son intelligence et de son cœur, il est vite tombé au niveau des plus tristes indigènes du milieu africain. »

Envisageant la question d'acclimatement au Congo, dont on nous a fait depuis longtemps un épouvantail, le Docteur Delattre estime que pour tous les colons, hommes ou femmes, un Congo se prépare en somme bien moins dangereux que beaucoup de colonies anglaises, françaises ou hollandaises, où nous voyons cependant les femmes de la race colonisatrice accompagner de bon cœur leurs maris depuis des siècles. « Il ne faut pas s'y tromper, dit-il. La femme s'adapte merveilleusement aux plus divers climats. Bien plus facilement que les hommes, parce que, douées en général d'organes plus sains que n'ont abîmés ni l'alcool ni les excès, les femmes portent, sous les cieux les plus variables, une faculté illimitée d'adaptation physique et morale. Et quant à la femme belge en particulier, sa belle santé est l'expression d'un des tempéraments les plus riches qu'éclaire le soleil. Sobriété, gaieté, courage, intelligence, sensibilité ; aucune femme sur la terre, il faut en convenir, n'offre à un degré aussi élevé les qualités qui constituent l'ordinaire de la femme belge. Si la femme belge le veut, elle vivra au Congo tout comme en Belgique. Mais qui plus est, elle y fera vivre l'homme belge, son mari, infiniment mieux que le pauvre blanc, célibataire, n'y eût vécu solitaire. Elle lui apprendra la sobriété, la patience, la douceur, la bonté, toutes vertus qui exercent... sur le foie, une action autrement antibilieuse que les plus réputées drogues !... Elle lui enlèvera du cœur le regret, la mélancolie, l'ennui, le vide, le dégoût, ces terribles démons africains qui vous tuent un homme plus vite que la mouche tsé-tsé. »

Le Docteur Delattre est donc un partisan décidé de l'émigration féminine au Congo. Il estime que la colonisation belge ne sera effective, bonne et honnête que lorsque la femme belge s'unira à son mari pour cette entreprise. Et il entrevoit le jour où les femmes belges prendront aussi facilement le chemin du Congo pour rejoindre leur mari ou même pour le chercher, que les femmes hollandaises ou anglaises prennent le chemin des Indes ou de l'Insulinde. Toutefois, il fait certaines réserves qui s'imposent à la science médicale. « Comme tous les hommes ne sont point en état de faire un séjour au Congo sans danger pour leur santé ou leur vie, de même toutes les dames ne peuvent impunément tenter l'excursion tropicale. Il faut que le public en soit averti sans réserve. Sous le prétexte que le Congo est un « pays chaud », il ne faut pas que les malades se figurent que le Congo représente pour eux un pays de cure, une sorte de grand sanatorium comme un « Midi de la France » de l'Extrême-Sud ».

Par des considérations d'un intérêt purement médical, le savant docteur conclut qu'en dehors de la tuberculose, réserve absolue, mais aussi quasi unique, il ne voit rien qui puisse au nom de l'hygiène, empêcher une femme de suivre son mari sous la « Ligne ». Et là-bas, il n'est rien qui lui interdise de vivre la vie la plus complètement féminine.

J'ai rencontré de vieux coloniaux qui prétendent que c'est une utopie de vouloir introduire la femme blanche au Congo équatorial. A ces esprits sceptiques j'oppose les chiffres empruntés à la statistique hollandaise à Java. Je lis, dans le livre de M. Chailley-Bert, qu'à Java la statistique compte 50.000 Hollandais dont 23.000 femmes. Cette forte proportion du sexe féminin, dit M. Chailley-Bert, ne date pas de loin. Il est malaisé de préciser les dates : la démographie de Java est rudimentaire. Tout ce qu'on sait, c'est qu'avant les dernières années, quand il y avait moins de chemins de fer, moins de routes, moins de maisons confortables, moins d'hygiène, la proportion des femmes était relativement faible : de là, mariages plus rares et unions libres plus fréquentes. (1)

Il n'est rien de plus éloquent que les chiffres, et il n'est rien de plus décisif que le chiffre de 23.000 femmes à Java sur 50.000 Hollandais. Ce que les Hollandais ont fait à Java pour y rendre possible le séjour de la femme blanche, on le pourra faire au Congo équatorial par la construction de maisons confortables, par la création de puits artésiens, par les mesures d'hygiène qui ont fait de Batavia l'une des villes les plus salubres du monde.

Une belle plume française a stigmatisé, avec l'énergie d'un Juvénal, toutes les turpitudes qui se commettent dans la plupart des colonies françaises. « Des gouverneurs, des officiers, mêmes généraux, déjà avancés en âge, des administrateurs de première ou de deuxième classe, qui ont femmes et enfants en France, et entretiennent publiquement une concubine dans leur palais ou dans leur maison ; des fonctionnaires qui ravagent littéralement les écoles où les Sœurs, nos pures Sœurs françaises, ont un peu dégrossi ces jeunes négresses, certes pour un but tout

____

(1) *Java et ses habitants*, p. 67-90.

autre ; des officiers en campagne qui, le soir, se livrent à une véritable battue pour eux-mêmes ou pour leurs chefs ; des employés supérieurs, civils ou militaires, qui ont de véritables harems ; une ville de la côte d'Afrique où la traite, la traite ignoble de la jeune fille indigène, est pratiquée au profit de la colonie allemande ; des villes entières où tous les indigènes, pères, mères, maris, enfants, vivent de la prostitution de leurs filles ou de leurs femmes ; des missionnaires, des évêques navrés, qui voient ainsi tous leurs efforts paralysés et toutes leurs œuvres stériles, et qui se demandent s'il ne vaudrait pas mieux fermer les écoles de filles ; les familles indigènes ravagées ; les femmes violentées et usées ; les maladies honteuses couvrant de leurs stigmates ces corps fatigués ; les générations nouvelles, malingres, atrophiées ; toute religion détruite et l'influence des missionnaires paralysée, voilà le spectacle que présente la plupart de nos colonies, et voilà l'œuvre qu'y ont accomplie des Français. » (1)

Le tableau n'est certes pas brillant, mais il n'est que trop vrai. C'est que rien n'est dévergondé et barbare comme une société blanche d'où la femme blanche est absente. S'il est vrai que le rôle du blanc, dans l'œuvre coloniale, est de relever le niveau de la race inférieure, et s'il est vrai que ce rôle demande

---

(1) P. Piolet, « De l'émigration des femmes aux colonies ». *Le Correspondant*, 10 avril 1900.

les plus hautes qualités morales, comment pourra-t-il l'accomplir quand tout ce qui rabaisse et ravale sera devenu pour lui la règle commune ?

Entre les colonies françaises et les colonies anglaises, le contraste est frappant. Ici l'œil n'est point choqué par le spectacle du vice et de la corruption s'étalant ostensiblement. Tout y est dominé par le même air de décence qui règne dans la métropole. C'est au point que M. Chailley-Bert peut affirmer que le colon, le fonctionnaire, l'officier qui fume l'opium ou introduit chez lui, *à demeure,* une femme indigène est considéré commè perdu, et, à ce titre, exclu de la bonne société, disqualifié (1).

Pourquoi cette différence entre les colonies françaises et les colonies anglaises ? Tout simplement parce que les Anglais fondent aux colonies des foyers permanents, parce qu'ils y amènent leurs femmes, tandis que les Français n'y amènent pas les leurs. Le Congo rappelle à cet égard bien plus les colonies françaises que les colonies anglaises. Le peu de jours que j'ai passés à Elisabethville m'a suffi pour être édifié sur ce point. Le fonctionnaire affiche sa ménagère comme un objet de luxe. Il se montre avec elle partout, même dans les bureaux. Dans les colonies anglaises, un pareil fonctionnaire serait aussitôt congédié. Ici la ménagère se promène dans les rues sur sa bicyclette, fière d'étaler sa paresse et son luxe.

------

(1) *Quinzaine coloniale,* 25 juillet 1899, p. 426.

Cela est admis, cela est dans les mœurs, cela est normal. On raconte à Elisabethville qu'un blanc ayant vécu quelque temps au Katanga avec une indigène y revint marié. Un jour, se promenant avec sa femme, il rencontre son ancienne ménagère, et comme celle-ci l'aborde sans nul embarras, il la présente à sa femme qui lui tend inconsciemment la main.

Un éminent voyageur, dans des pages cinglantes, a pu écrire que de toutes les femmes noires qui peuplent le Congo, aucune ne pénètre plus avant que la ménagère dans le milieu européen, aucune ne s'y voit l'objet de tant d'égards et d'attentions, pour aucune on ne se met davantage en frais. « Elle est la mieux payée, la mieux nourrie. — Elle est la plus coquette. — Elle est la plus désœuvrée. — Elle est la plus influente. — Elle est la plus fière. — Elle est la plus crainte. Au pays des négresses, la ménagère est reine. » (1)

Dites, une société où règne un pareil laisser-aller n'est-elle pas une société malade ? M. Chailley-Bert l'a remarqué avec raison, les colonies qui ont été conquises, occupées, cultivées, peuplées par la France, sont une société anormale, parce que l'élément primordial de toutes sociétés y fait défaut ou y est rare : l'élément féminin. Il constate à regret que la vie de famille n'y existe presque nulle part ; que là où elle existe elle est menacée ; que les célibataires, qui

---

(1) A. Vermeersch, *La femme Congolaise.*

constituent la majeure partie de la population européenne, sont comme le lion de l'Ecriture, *quaerens
quem devoret ;* que ceux à qui ne suffit pas la vie
d'affaires, n'ont devant eux que deux ressources, la
religion ou le foyer d'autrui ; que la religion, par
malheur, manque à beaucoup, et qu'alors le foyer
d'autrui s'ouvre devant eux et parfois se referme sur
eux et s'abîme avec eux. Et devant cette cause
profonde de malaise et de trouble, qui n'a échappé à
personne, l'éminent économiste conclut, d'accord avec
l'opinion unanime, que les colonies manquent de
femmes et qu'il faut leur en procurer (1).

Mais comment leur en procurer ? La femme blanche peut-elle émigrer au Congo, et le fera-t-elle ?
Et pourquoi ne le ferait-elle pas ? A Java, j'ai vu des
Hollandaises, beaucoup de Hollandaises ; aux Indes,
à Singapore, au Cap, au Natal, en Rhodésie, dans
l'Ouganda, j'ai vu des Anglaises, beaucoup d'Anglaises. Hollandaises et Anglaises vont aux colonies avec
leurs maris. Pourquoi nos femmes ne pourraient-elles
pas faire de même ? La perspective d'un long séjour
dans des pays lointains, même dans un climat tropical,
n'a rien qui effraye nos voisines bataves ou anglosaxonnes. Pourquoi nos femmes se montreraient-elles
moins entreprenantes, moins dévouées ? C'est une

____

(1) « L'émigration des femmes aux colonies ». Discours prononcé
par M. Chailley-Bert à la Conférence organisée par l'Union coloniale
française.

innovation à introduire dans nos mœurs, comme c'en fut jadis une pour nos voisines. Croit-on qu'elles aient eu de tout temps le goût de l'émigration et qu'elles n'aient pas eu, elles aussi, à triompher de l'attachement au sol natal, à lutter contre la crainte de l'inconnu, contre la peur de s'expatrier et du dépaysement ? Si les Anglais et les Hollandais ont sur nous une avance de deux siècles, leurs débuts durent être pour eux ce qu'ils sont pour nous. Ils avaient, tout comme nous, l'amour du foyer domestique, et ce ne fut pas sans peine que s'introduisit chez eux le goût de l'émigration. Comme l'a remarqué Rameau, partout il a été long et difficile d'en introduire le goût et l'usage, et il a fallu, pour y parvenir, soit un concours suivi de circonstances toutes spéciales, soit les efforts persistants du Gouvernement ou de quelques particuliers. Le colonel Wangermée qui, ayant gouverné le Katanga et ayant longtemps séjourné au Congo, est à même d'apprécier les besoins de la colonisation, déplore que la femme belge y soit si peu préparée et que la traversée d'Europe au Congo soit pour elle comme une action remarquable. Il constate combien rares sont les femmes belges qui s'expatrient en dehors de ces saintes femmes qui se vouent à leur belle mission d'évangélisation et de charité. Pour montrer ce qu'elles doivent être, il propose le magnifique exemple de la femme anglaise qui dès sa jeunesse a entendu prôner le *self-help* et maintes fois l'a pratiqué, qui considèrent les voyages lointains dans les cinq parties du monde, avec leurs accidents possibles, comme les contingences naturelles de la vie ordinaire, qui dans ses jeux mêmes acquiert une force et une adresse physique qui lui permettent de compter sur elle-même, et, en cas de nécessité, de se défendre toute seule, dont toute l'éducation physique et morale lui fait considérer l'expatriation comme un simple transfert de son *home* approprié à des conditions un peu différentes. C'est là ce que l'ancien gouverneur a constaté chez la majorité des Anglaises qu'il a vues en Afrique et il estime que c'est sur elles que les femmes belges auraient à prendre exemple pour jouer un rôle utile aux colonies, en sachant s'adapter aux conditions du milieu, simplement et sans effort. **(1)**

De plus en plus la Belgique se sentira poussée vers les entreprises d'outre-mer ; de moins en moins elle résistera à cette impulsion inéluctable. C'est la loi providentielle qui s'exerce ; il lui faut déverser le trop-plein de sa population ailleurs.

La lutte pour la vie, si ardue déjà pour les hommes dans d'étroites frontières, est devenue plus difficile encore pour les femmes. Combien de malheureuses, pourvues d'un diplôme, cherchent le pauvre petit gagne-pain qui les mettra à l'abri de la faim ! Combien d'institutrices sans élèves, d'employées sans

---

(1) Wangermée, *Grands lacs Africains.*

emploi, combien de jeunes filles qui ne sont pas des « déclassées », mais des « non classées », suivant le mot très juste du comte d'Haussonville, et qui n'en sont pas moins toujours en péril de devenir des déclassées si elles ne trouvent à se classer par un légitime mariage !

C'est surtout à ces femmes-là que l'expatriation s'impose. Un charmant écrivain de leur sexe (1) le leur conseille avec tout l'autorité que lui ont donné de longs séjours aux colonies d'Asie et d'Afrique, et les convie à se créer par leur énergie une situation digne de leurs efforts dans des territoires plus étendus et plus hospitaliers. Où donc émigreront-elles ? A l'étranger ? Non point précisément, mais dans ces terres vierges où le drapeau national flotte depuis peu de temps, où elles se trouveront parmi d'autres femmes de la même patrie, qui les accueilleront avec bonheur, et où elles seront plus assurées que sur le sol natal de vivre et de bien vivre, d'une vie plus large, plus confortable, plus tranquille, où elles se sentiront plus choyées, plus adulées, où elles trouveront plus d'espace et de bien-être.

Eh ! quoi, dira-t-on, allez-vous expatrier des milliers de jeunes femmes sans qu'elles aient là-bas une situation certaine, un avenir assuré, un fiancé qui les attende ? Allez-vous les exposer à tous les dan-

____

(1) Grace Corneau, *La Femme aux colonies*.

gers, à toutes les déceptions que peut leur réserver l'inconnu ?

Et d'abord, la colonie n'a pas besoin, actuellement, de milliers ni même de centaines de femmes blanches. Les colons ne sont pas encore légion. Elisabethville ne compte guère encore qu'un millier de blancs, et il ne faudrait pas des légions de jeunes filles pour constituer le premier noyau féminin. Et puis, les emplois sont assez nombreux, dans les pays neufs, pour que quantité de jeunes filles puissent y trouver une situation transitoire, dans l'attente d'une situation définitive que les colons leur procureront en les demandant en mariage. Si elles ne trouvent pas au début à se placer comme institutrices ou gouvernantes chez les colons qui vivent en famille, ne pourront-elles exercer provisoirement les emplois plus modestes de femme de chambre, de couturière, de lingère, de tailleuse, de modiste ou de comptable ?

Mais quoi, dira-t-on encore, trouverez-vous des jeunes filles qui voudront aller au Congo dans ces conditions ? On les trouvera, et en plus grand nombre qu'on ne le voudra. Pourraient-elles hésiter, en effet, entre la gêne et le bien-être, entre un triste célibat et la perspective d'un heureux mariage, entre la honte du vice peut-être et une vie entourée de considération ? Oui, on les trouvera quand elles connaîtront tous les avantages qui les attendent et quand elles sauront que c'est d'elles que dépendent la moralisation et l'avenir de la colonie.

Il est à peine besoin de dire que le but de moralisation ne sera atteint que si l'on fait de la moralité des émigrantes la condition première, et si l'on n'accepte que celles dont la réputation sera absolument intacte.

Il faut, à l'exemple des sociétés qui, en Angleterre, s'occupent de l'émigration des femmes aux colonies, n'accepter les candidates qu'après avoir pris de minutieux renseignements, indépendamment des certificats sur leur santé, leur éducation, leur moralité.

La création d'une société d'émigration des femmes serait à cet égard une mesure de haute utilité pratique. Cette société, à laquelle il faudrait adjoindre un comité de dames, recruterait les émigrantes par l'intermédiaire des directions des établissements d'instruction, des orphelinats, pépinières de jeunes filles qui trouveraient dans l'émigration le moyen de se soustraire à un avenir malheureux. Nulle aide ne leur serait plus efficace que celle des Sœurs missionnaires qui leur donneraient asile et veilleraient sur elles jusqu'à ce qu'elles eussent obtenu un emploi ou trouvé le colon ou le fonctionnaire qui leur assurera par le mariage une situation définitive. Assurément, les prétendants manqueront moins dans la colonie, où l'élément féminin sera toujours sur le haut plateau de la balance, que dans la mère patrie où le niveau des deux plateaux s'équilibre à peu près.

Nos fonctionnaires coloniaux, nos colons, quand ils

sont mariés, laissent généralement leurs femmes et leurs enfants dans la mère patrie, et en cela ils ont tort. Le Gouverneur général des Indes, le Vice-Roi des Indes sont presque toujours des hommes mariés vivant aux Indes avec leur famille. J'ai rencontré sur les paquebots anglais beaucoup de coloniaux appartenant au meilleur monde, qui voyageaient avec leur jeune femme et leurs petits enfants, et qui s'en trouvaient bien. Mais la trop grande majorité de nos fonctionnaires et de nos colons ne sont point mariés, et il règne chez nous cet étrange préjugé qu'il n'y a que les célibataires qui puissent aller au Congo.

Voici un vaillant jeune homme aux aspirations généreuses. Il part pour le Congo plein d'enthousiasme pour se faire une situation. Il travaille pendant quelques années, et quand il voit la fortune lui sourire, il découvre la vérité du mot si incisif de l'Ecriture : « Vae soli ! » Il se sent bien seul au milieu des indigènes. Il n'a ni ami ni compagnon à qui se confier. Quand il rentre chez lui après la tâche de la journée, il trouve sa maison vide. Aux heures d'abandon, il n'a personne pour le soutenir, le conseiller, lui donner courage. Aux heures de fièvre, personne pour lui donner des soins délicats et attentifs. Il est seul, il est triste, il se ronge de nostalgies et de regrets. Que s'il avait avec lui une femme aimée, que s'il régnait autour de lui une atmosphère familiale, combien la vie lui serait plus douce ! Il aspire après cette compagne qui changera sa vie, et il ne la trouve pas. Et alors, s'il ne succombe pas sous cette épreuve, s'il ne se met pas à s'étourdir par l'alcool, s'il ne s'use pas par tous les excès de l'inconduite, c'est qu'il est d'un caractère exceptionnellement trempé.

Combien n'y a-t-il pas au fond de la brousse africaine de ces colons qu'une compagne délivrerait d'une existence aussi vide et aussi triste ! Et combien n'y a-t-il pas dans nos grandes villes de jeunes femmes que des circonstances auxquelles elles ne peuvent rien, mettent dans l'impossibilité de se marier ! Si elles savaient qu'elles peuvent entrevoir là-bas ce qu'ambitionne toute femme, un époux, un foyer, une famille. hésiteraient-elles à s'expatrier ?

Aussi longtemps que les Belges continueront à n'envoyer au Congo que des hommes non mariés ou des hommes mariés non accompagnés de leurs femmes, ils n'auront rien fait pour que le Congo soit le prolongement de la mère patrie. S'ils veulent faire de leur empire colonial une plus grande Belgique, ils doivent y créer une population vraiment belge et non pas une race bâtarde qui hériterait du blanc et du noir tous les vices sans hériter d'aucune de leurs qualités, une race de mulâtres qui se dirait belge par le sang blanc et dont elle tirerait gloriole, mais qui n'aimerait pas la Belgique parce qu'elle ne l'aurait jamais connue et qu'elle n'y verrait pas une patrie.

Il faut donc, pour que le Congo soit une colonie

belge, que la femme belge émigre au Congo. Chaque
fois qu'une femme belge épousera un colon, ce sera
une petite colonie belge qu'elle fondera dans la grande
colonie. Et puisque, en Belgique comme en France,
l'opinion reçue est que la femme ne peut vivre aux
colonies, c'est à la femme belge à nous prouver, à
l'exemple des vieilles nations coloniales, que cette
opinion est erronée. Elle émigrera au Congo quand le
Congo sera mieux connu et quand elle comprendra la
grande mission qu'elle est appelée à y remplir, mission
de moralisation des blancs et mission de relèvement
des noirs.

L'opinion d'un colonial aussi expérimenté que
M. Forthomme est digne d'être citée : « L'action bien-
faisante de la femme dans l'œuvre coloniale est trop
connue pour qu'il soit nécessaire d'en rappeler ici les
principales manifestations... Les femmes apporteront
dans la colonie leurs fortes qualités d'ordre, de travail
et d'économie. Au lieu d'être une charge, comme on
l'a appréhendé, elles soutiendront les hommes de leur
belle vaillance et de leur bonne humeur. Elles leur
créeront des intérieurs, les empêcheront de tomber
dans les excès de tout genre ; elles donneront à l'ensemble de l'œuvre une continuité et une stabilité
qu'ignorent toujours les colonies de célibataires. Elles
feront enfin, espérons-le de tout cœur pour l'avenir
du Katanga, ce que les législations draconiennes et
les principes de morale n'ont pu réaliser en Afrique

australe : elles arrêteront les Belges sur la pente qui
conduit au mélange de la race blanche avec les races
indigènes et qui nous mettrait un jour en face d'une
Belgique africaine peuplée par des métis et non plus
par des Européens. » (1)

(1) Pierre Forthomme, « Colons anglais et colons belges », *Revue
générale*, janvier et février 1912.

CHAPITRE XV

Une page d'histoire.

L'immense territoire connu sous le nom de Katanga se rattache géographiquement et historiquement au Congo. Géographiquement, c'est là que naissent et coulent plusieurs des grandes rivières qui forment le Congo, le Lualaba, la Lufira, le Likulwe Historiquement, c'est par le Congo que ce territoire fut conquis à la civilisation. Le Katanga exerce sur le voyageur la fascination des pays nouveaux. Le colonel Wangermée, qui en fut le premier gouverneur, se souvenait, en prenant possession de son poste, du temps tout proche où l'on en parlait comme d'une contrée à peine connue, située vers le sud-est du Congo. On n'y trouvait encore, en 1896, qu'une demi-douzaine d'agents, deux ou trois missionnaires protestants et autant de vagues commerçants. Tel était l'éloignement de cette province extrême du Congo qu'il ne fallait pas moins d'une année pour l'échange des correspondances entre le Katanga et Boma. Le service postal se faisait par ia côte orientale où les lettres étaient confiées à quelque voyageur de bonne volonté. Chaque année, on concentrait à Lusambo, chef-lieu du district du Kassaï, tout le ravitaillement en vivres et marchandises d'échange destinées au Katanga. C'était la contrée lointaine, une sorte de *terra incognita*, que quelques rares explorateurs avaient fait connaître très superficiellement. A peine si elle avait été entrevue par Livingstone et Cameron. (1)

Mais bientôt l'attention commença à être attirée sur le Katanga. Le missionnaire écossais Arnott, l'Anglais Sharpe, les explorateurs portugais Capello et Ivens signalèrent en 1890 les richesses minières du pays. L'avide Cecil Rhodes avait les yeux fixés sur cette région, et je n'ai pas oublié la question qu'il me posait en 1893, et qui avait l'air d'une menace : « Why did-you take to me the Katanga ? » Encore rouge du sang de nos héros, la terre même répondait à cette question. Singulière ironie des choses, c'est un officier anglais, le capitaine Stairs, témoin oculaire de la conquête belge, qui l'a racontée dans une page tragique (2).

Msiri était alors roi du Katanga. C'était un monstrueux tyran, dont les cruautés rappellent celles du fameux Muanga, le tyran de l'Ouganda. Devenu trop vieux pour conduire lui-même des expéditions mili-

---

(1) Wangermée, *Grands lacs africains et Katanga,*

(2) Cap. Stairs, *De Zanzibar au Katanga,*

taires contre ses sujets récalcitrants, il en avait laissé le commandement à son fils. Il résidait à Bunkeia, à quelques lieues de Kambove, et non loin du village du chef Katanga dont il avait épousé la fille. C'est ainsi qu'un territoire vaste comme la France porte le nom d'un obscur chef local. Non content d'une épouse légitime, Msiri avait encore trois mille femmes parmi lesquelles se trouvait une favorite au teint clair, métisse portugaise du nom de Maria Fonseca. Bunkeia était dominé par deux collines qui ne portaient aucun ouvrage défensif, et au pied desquelles coulait la petite rivière de l'Unkeia. La résidence royale, faite en pisé et pourvue de deux portes, était protégée par une double palissade. Tout autour étaient distribuées les huttes rondes, avec des toits en chaume, abritant les femmes et les serviteurs.

Bunkeia était devenu, comme autrefois la capitale de l'Ouganda, le théâtre d'exécutions journalières commandées par le sanguinaire tyran, celui que Crawford, qui fut plus d'un an son hôte forcé, appelait « le Tigre du Katanga ». Dans sa soif de sang, il martyrisait ses sujets et inventait les tortures les plus atroces. Il enfermait des femmes avec des chiens qu'on privait de toute nourriture, et qui, affamés, dévoraient vivantes les malheureuses captives. Il faisait attacher des hommes à des poteaux, et quand ils demandaient à manger, il leur faisait couper des parties du corps en guise de nourriture. Ou bien il leur faisait ouvrir la poitrine et arracher le cœur. Ou

encore il les faisait enterrer vivants jusqu'au cou et
les donnait en pâture aux fauves. Témoins de ces
cruautés journalières, dont ils craignaient d'être les
victimes, les sujets du roi se révoltèrent, pénétrèrent
dans Bunkeia, incendièrent des villages, et finirent
par déserter en masse. Cette désertion fut suivie
d'une horrible famine. Et le roi, abandonné des siens,
se préparait à quitter lui-même sa capitale, quand il
apprit l'arrivée de l'expédition commandée par le
capitaine Stairs, l'un des compagnons de Stanley.

Le Néron africain s'imaginait que le blanc venait
l'aider à soumettre ses sujets révoltés, et dans cette
pensée il l'accueillit avec joie. Mais l'officier anglais,
après lui avoir offert ses présents, se hâta de le
détromper. Lui reprochant ses cruautés, il lui
demanda des explications au sujet des têtes qu'il
avait vues sur les pieux rangés autour du village.
C'était, lui dit-il, sa barbarie qui avait fait de toute
la contrée une terre désolée sur laquelle planait la
famine et la mort ; c'était lui qui avait fait fuir les
populations terrorisées, lui, le mauvais chef haï de
ses sujets, et qui devait, s'il voulait devenir son ami,
modifier ses mœurs et renoncer à ses pratiques san-
guinaires. Msiri balbutia que les autres blancs, qui
étaient mauvais, l'avaient trompé, et protesta qu'il
était bon. Stairs s'avança alors vers lui, le regarda
en face, et lui dit qu'il n'avait besoin d'aucun autre
témoignage pour être fixé sur son compte, que les
têtes toutes fraîches qu'il venait de voir fichées au

bout des pieux. Puis, se tournant vers le peuple, il leur déclara que s'ils tenaient à leurs têtes et s'ils voulaient vivre en paix, ils le trouveraient tout disposé à les y aider.

Pendant ce discours très crâne, le roi ne dissimulait point son impatience et sa colère ; mais il finit par se radoucir et offrit au blanc son amitié et son pays.

Le surlendemain, Stairs eut une nouvelle entrevue avec Msiri, qui n'eut aucun résultat. A la suite de ce palabre qui avait duré trois heures, le roi s'enfuit pendant la nuit dans le village voisin de Maiembe. C'est alors que Stairs se décida à faire acte d'autorité en envoyant une troupe de cent hommes sous le commandement de l'officier belge Bodson, avec la mission d'amener Msiri à venir parlementer avec lui et de s'emparer de sa personne s'il s'y refusait.

Le capitaine Bodson, accompagné du marquis de Bonchamps, partit vers midi pour Maiembe où se trouvait Msiri avec cent quinze fusils. Bodson, avec vingt hommes seulement, gagna le centre du village pour l'entrevue projetée, tandis que Bonchamps, resté dehors avec le reste de la troupe, se tenait prêt à accourir au premier signal, car Msiri, entouré de soixante hommes armés et prêts à tirer, avait évidemment préparé un guet-apens. Il portait le sabre que lui avait donné Stairs.

A peine la palabre commencée, le roi tire son sabre, signal convenu avec les conjurés. Aussitôt le fils du roi lève son fusil et met Bodson en joue. Devant cette menace, Bodson saisit son revolver et en décharge deux coups dans la poitrine du roi qui expire aussitôt. Mais Bodson reçoit au même instant une balle dans le ventre qui lui perfore la vessie. Transporté en hamac au camp et endurant des souffrances atroces, il mourut dans la soirée. Une de ses dernières paroles fut la satisfaction qu'il exprima d'avoir délivré l'Afrique de son plus cruel tyran. « Vive le Roi ! » fut le dernier mot qu'il proféra.

A l'époque où Bodson fécondait de son sang le sol du Katanga, cette région lointaine était déjà l'objet de certaines convoitises. Pour déjouer ces prétentions, le Gouvernement de l'Etat du Congo avait organisé dès 1890 plusieurs expéditions dont la mission était d'occuper officiellement le pays dont de rares voyageurs avaient vanté les richesses. La Compagnie du Katanga, fondée en 1891, organisa de son côté des voyages de découverte. Bunkeia était le but que devaient atteindre les différentes expéditions. Paul Lemarinel, parti de Lusambo le 23 décembre 1890, remonta le Sankuru, traversa la chaîne des Mitumba, et arriva le 16 avril 1891 chez le roi Msiri, dont il obtint une reconnaissance de vassalité, en lui faisant arborer le drapeau de l'Etat suivant les instructions qu'il avait reçues du Gouvernement. Il fonda ensuite le poste de Lofoï qu'il confia au lieutenant Legat. C'est donc à cette date que remonte l'occupation effective du Katanga. Alexandre Delcommune s'embarqua pour le Congo en juillet 1890 avec le lieutenant

Hakansson, le Docteur Briart, l'ingénieur Didderich et·le chef d'escorte Cassaert. L'expédition gagna le Haut-Congo et le Lomami, découvrit le lac Kissale qu'avait vaguement entrevu. Cameron, et cinq mois après Lemarinel arriva le 6 octobre chez Msiri qui lui fit bon accueil. Elle se dirigea ensuite vers les plateaux où naissent la Lufira et le Nzilo, et où elle endura toutes les tortures de la famine. Arrivée près des sources du Nzilo, elle descendit cette rivière jusqu'à la gorge où elle se précipite pour se frayer un chemin vers le Congo. Sur la route du retour Delcommune rencontra à Lusambo l'expédition du capitaine Bia accompagné des lieutenants Francqui et Derscheid, du géologue Cornet et du Docteur Amerlinck. Partie de Lusambo le 11 novembre 1891, cette caravane découvrit le lac Kabele, franchit les monts Mitumba, et arriva le 30 janvier 1892 chez Msiri, où continuait à régner la famine dont avait eu à souffrir l'expédition Delcommune. L'expédition entreprit l'exploration des lacs Moëro et Bangwelo et de la rivière Nzilo. Bia, le chef de l'expédition, mourut en cours de route.

Puis vint la mission placée sous le commandement du capitaine Stairs, qui lui aussi mourut en cours de route après avoir vu la fin tragique du capitaine Bodson.

Cette conquête du Katanga est une des plus belles pages de la magnifique épopée de la conquête du Congo. Elle date d'hier, et ce fut une inoubliable journée que celle où fut fêté le retour de ces héros. Avant eux, cette lointaine province du Congo, au moins dans sa partie méridionale, était presque inconnue. Grâce à eux, elle est aujourd'hui explorée en tous sens, le drapeau qu'ils y ont arboré y flotte sans conteste, et le Katanga est ouvert au commerce et à la civilisation. Leurs noms sont inscrits en lettres d'or dans les annales des découvertes de l'Afrique centrale, à côté de ceux des Livingstone, des Burton, des Grant, des Speke, des Cameron, pour ne citer que les premiers qui aient parcouru la région des grands lacs africains.

Elisabethville, qui devait n'être que la première étape d'un voyage au Congo, en fut aussi la dernière. J'avais caressé le projet de gagner Bukama, où le Lualaba devient navigable, et de descendre le Congo jusqu'à l'Atlantique. Mais de graves nouvelles vinrent renverser mes plans. Une semaine de wagon roulant nuit et jour me ramena au Cap où je pris le premier paquebot pour l'Europe.

FIN

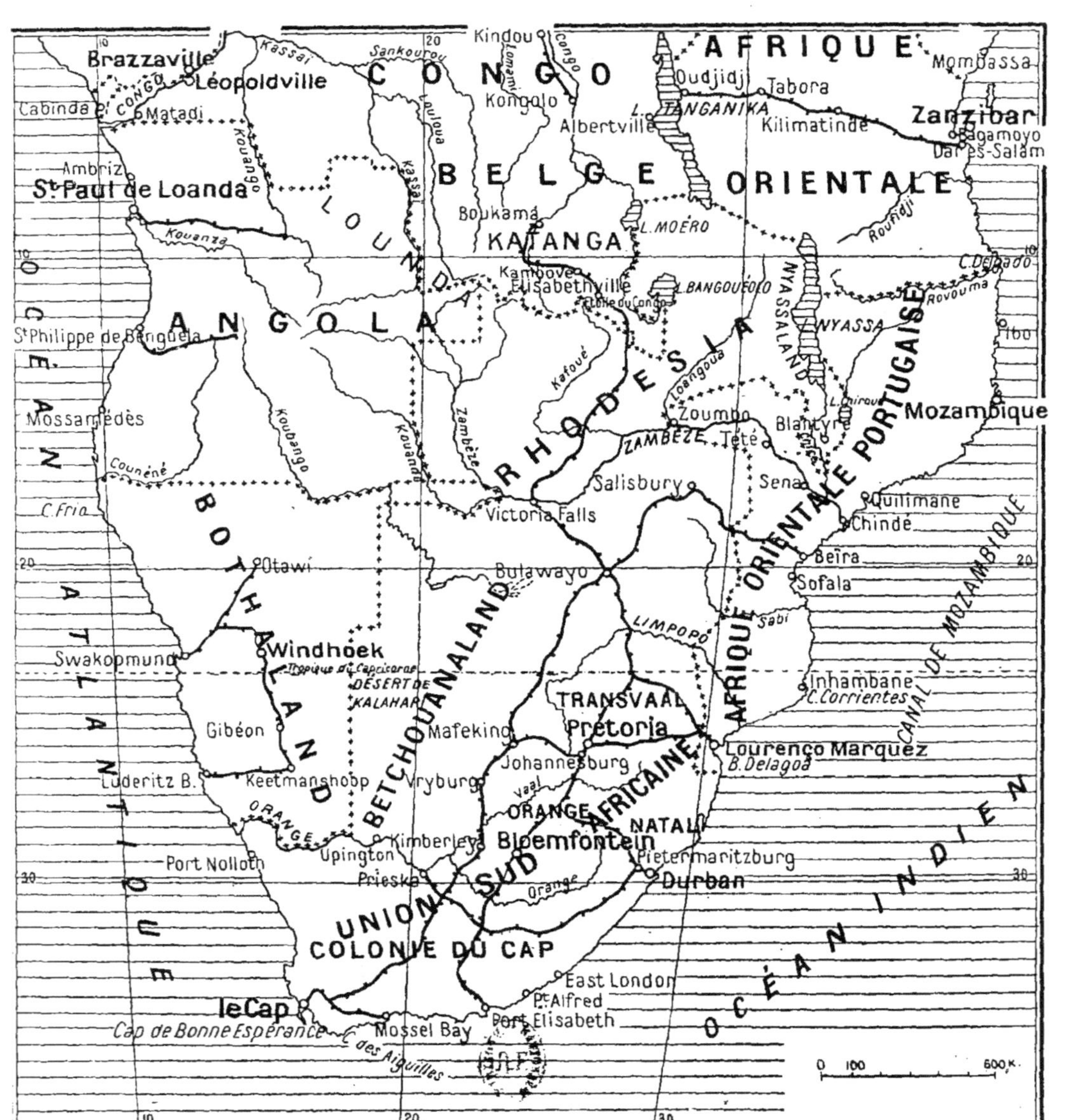

Carte de l'Afrique du Sud.

TABLE DES MATIÈRES

Pages